Smagfulde Spanske Gastronomiske Eventyr
Dyk ned i Spansk Madkultur og Oplev De Autentiske Smage af Spanien

Elena Márquez

GENOPTAG

AJOARRIERO COD 25
    INGREDIENSER 25
    BEHANDLE 25
    TRICK 25

SHERRY DAMPTE KULLER 26
    INGREDIENSER 26
    BEHANDLE 26
    TRICK 26

ALLE FISKEFROG PEBRE MED REJER 27
    INGREDIENSER 27
    BEHANDLE 28
    TRICK 28

RIGT BRUG 29
    INGREDIENSER 29
    BEHANDLE 29
    TRICK 29

MARINERA KLEMMER 30
    INGREDIENSER 30
    BEHANDLE 30
    TRICK 31

TORSK MED PILLE 32
    INGREDIENSER 32
    BEHANDLE 32
    TRICK 32

KYLLINGETROMMER MED WHISKY 33
    INGREDIENSER 33
    BEHANDLE 33
    TRICK 34

Stegt and 35
    INGREDIENSER 35
    BEHANDLE 35
    TRICK 36

VILLAROY KYLLINGEBRYST 37
    INGREDIENSER 37
    BEHANDLE 37
    TRICK 38

KYLLINGEBRYST MED SENNEPS OG CITRONSAUCE 39
    INGREDIENSER 39
    BEHANDLE 39
    TRICK 40

STEGT GANETTE MED BLOMME OG SVAMPE 41
    INGREDIENSER 41
    BEHANDLE 41
    TRICK 42

VILLAROY KYLLINGEBRYST FYLDT MED KARAMELISEREDE PIQUILLOER MED MODENA EDDIKE 43
    INGREDIENSER 43
    BEHANDLE 43
    TRICK 44

KYLLINGEBRYST FYLDT MED BACON, SVAMPE OG OST 45

- INGREDIENSER 45
- BEHANDLE 45
- TRICK 46

KYLLING I SØD VIN MED BLOMER 47
- INGREDIENSER 47
- BEHANDLE 47
- TRICK 48

ORANGE KYLLINGEBRYST MED CASHEWNØDER 49
- INGREDIENSER 49
- BEHANDLE 49
- TRICK 49

Syltet agerhøne 50
- INGREDIENSER 50
- BEHANDLE 50
- TRICK 50

KYLLINGEKACCIATOR 51
- INGREDIENSER 51
- BEHANDLE 51
- TRICK 52

COCA Cola STIL KYLLINGEVINGER 53
- INGREDIENSER 53
- BEHANDLE 53
- TRICK 53

HVIDLØGSKYLLING 54
- INGREDIENSER 54
- BEHANDLE 54

TRICK 55
CHILINDRON KYLLING 56
    INGREDIENSER 56
    BEHANDLE 56
    TRICK 57
MARINEREDE VAGTELLER OG RØDE FRUGTER 58
    INGREDIENSER 58
    BEHANDLE 58
    TRICK 59
KYLLING MED CITRON 60
    INGREDIENSER 60
    BEHANDLE 60
    TRICK 61
KYLLING SAN JACOBO MED SERRANOHAM, TARTA DEL CASAR OG RAKET 62
    INGREDIENSER 62
    BEHANDLE 62
    TRICK 62
BAGET KARRYKYLLING 63
    INGREDIENSER 63
    BEHANDLE 63
    TRICK 63
KYLLING I RØDVIN 64
    INGREDIENSER 64
    BEHANDLE 64
    TRICK 65

STEGT KYLLING MED SORT ØL 66
    INGREDIENSER 66
    BEHANDLE 66
    TRICK 66
CHOKOLADE PARIS 68
    INGREDIENSER 68
    BEHANDLE 68
    TRICK 69
Stegte KALKIET KVARTER MED RØD FRUGTSAUCE 70
    INGREDIENSER 70
    BEHANDLE 70
    TRICK 71
STEGT KYLLING MED FERSKENSAUCE 72
    INGREDIENSER 72
    BEHANDLE 72
    TRICK 73
KYLLINGFILET FYLDT MED SPINAT OG MOZZARELLA 74
    INGREDIENSER 74
    BEHANDLE 74
    TRICK 74
STEGT KYLLING I KAVAREN 75
    INGREDIENSER 75
    BEHANDLE 75
    TRICK 75
KYLLINGESPYD MED PEANUTSAUCE 76
    INGREDIENSER 76

BEHANDLE 76

TRICK 77

KYLLING I PEPITORY 78

INGREDIENSER 78

BEHANDLE 78

TRICK 79

KYLLING MED APPELSIN 80

INGREDIENSER 80

BEHANDLE 80

TRICK 81

GRYDNINGSKYLLING MED PORCINI 82

INGREDIENSER 82

BEHANDLE 82

TRICK 83

KYLLINGSDÆG MED NØDDER OG SOJA 84

INGREDIENSER 84

BEHANDLE 84

TRICK 85

CHOKOLADEKYLLING MED BISTET ALMEDRAS 86

INGREDIENSER 86

BEHANDLE 86

TRICK 87

LAMMESPYD MED PAPRIKA OG SENNEPSVINAIGRETE 88

INGREDIENSER 88

BEHANDLE 88

TRICK 89

FULDT KALFINNE I HAVNEN 90
    INGREDIENSER 90
    BEHANDLE 90
    TRICK 91

MADRILEÑA FRIKKADELLER 92
    INGREDIENSER 92
    BEHANDLE 93
    TRICK 93

CHOKOLADE OKSEKINDER 94
    INGREDIENSER 94
    BEHANDLE 94
    TRICK 95

KONFIRKET SVINEKÆRTE MED SØD VINSAUCE 96
    INGREDIENSER 96
    BEHANDLE 96
    TRICK 97

MÆRKELIG KANIN 98
    INGREDIENSER 98
    BEHANDLE 98
    TRICK 99

FRIKKADELLER I PEBERHASSELNØDDSAUCE 100
    INGREDIENSER 100
    BEHANDLE 101
    TRICK 101

KALVSKALPIN MED SORT ØL 102
    INGREDIENSER 102

- BEHANDLE 102
- TRICK 103
- MADRILEÑA TUR 104
  - INGREDIENSER 104
  - BEHANDLE 104
  - TRICK 105
- STIGT SVINELAM MED ÆBLER OG MYNTE 106
  - INGREDIENSER 106
  - BEHANDLE 106
  - TRICK 107
- KYLLINGEFRIKADELLER MED HINDBÆRSAUCE 108
  - INGREDIENSER 108
  - BEHANDLE 109
  - TRICK 109
- Lammegryderet 110
  - INGREDIENSER 110
  - BEHANDLE 110
  - TRICK 111
- HARE CIVET 112
  - INGREDIENSER 112
  - BEHANDLE 112
  - TRICK 113
- KANIN MED PIPERRADA 114
  - INGREDIENSER 114
  - BEHANDLE 114
  - TRICK 114

KYLLINGEFRIKADELLER FYLDT MED OST MED KERRYSAUCE ...115
- INGREDIENSER 115
- BEHANDLE 116
- TRICK 116

SVINEKINDE I RØDVIN 117
- INGREDIENSER 117
- BEHANDLE 117
- TRICK 118

NAVY SVINEKØDSSIDE 119
- INGREDIENSER 119
- BEHANDLE 119
- TRICK 119

Oksekødgryderet med jordnøddesauce......................................120
- INGREDIENSER 120
- BEHANDLE 120
- TRICK 121

STEGT GRIS 122
- INGREDIENSER 122
- BEHANDLE 122
- TRICK 122

BRISTET SKIND MED KÅL 123
- INGREDIENSER 123
- BEHANDLE 123
- TRICK 123

JÆGERKANIN 124
- INGREDIENSER 124

BEHANDLE 124

TRICK 125

MADRILEÑA STIL OKSEKØD ESCALOPINA 126

INGREDIENSER 126

BEHANDLE 126

TRICK 126

KANIN STEUG MED SVAMPE 127

INGREDIENSER 127

BEHANDLE 127

TRICK 128

IBERISK SVINERIB I HVIDVIN OG HONNING 129

INGREDIENSER 129

BEHANDLE 129

TRICK 129

PÆRER MED CHOKOLADE OG PEBER 131

INGREDIENSER 131

BEHANDLE 131

TRICK 131

CHOKOLADEKAGE TRE MED Cookie 132

INGREDIENSER 132

BEHANDLE 132

TRICK 133

SCHWEIZISK MARENGS 134

INGREDIENSER 134

BEHANDLE 134

TRICK 134

HASSELNØDDE CREPES MED BANANER 135
    INGREDIENSER 135
    BEHANDLE 135
    TRICK 136
CITRONTÆRTE MED CHOKOLADEBUND 137
    INGREDIENSER 137
    BEHANDLE 137
    TRICK 138
TIRAMISU 139
    INGREDIENSER 139
    BEHANDLE 139
    TRICK 140
INTXAURSALSA (VALNØDECREME) 141
    INGREDIENSER 141
    BEHANDLE 141
    TRICK 141
SNACK MÆLK 142
    INGREDIENSER 142
    BEHANDLE 142
    TRICK 142
KATTE TUNGER 143
    INGREDIENSER 143
    BEHANDLE 143
    TRICK 143
ORANGE TASKE 143
    INGREDIENSER 144

- BEHANDLE 144
- TRICK 144
- RISTEDE PORTEFØBLER 145
  - INGREDIENSER 145
  - BEHANDLE 145
  - TRICK 145
- KOGT MARENGS 146
  - INGREDIENSER 146
  - BEHANDLE 146
  - TRICK 146
- CUTSARD 147
  - INGREDIENSER 147
  - BEHANDLE 147
  - TRICK 147
- PANNA COTTA MED LILLA SLIK 148
  - INGREDIENSER 148
  - BEHANDLE 148
  - TRICK 148
- CITRUSCOOKIES 149
  - INGREDIENSER 149
  - BEHANDLE 149
  - TRICK 150
- MANGO PASTA 151
  - INGREDIENSER 151
  - BEHANDLE 151
  - TRICK 151

YOGHURTKAGE 152
    INGREDIENSER 152
    BEHANDLE 152
    TRICK 152

BANANKOMPOT MED ROSmarin 153
    INGREDIENSER 153
    BEHANDLE 153
    TRICK 153

CREME BRULEE 154
    INGREDIENSER 154
    BEHANDLE 154
    TRICK 154

SCHWEIZISK ARM FYLDT MED CREME 155
    INGREDIENSER 155
    BEHANDLE 155
    TRICK 155

ÆG FLAD 156
    INGREDIENSER 156
    BEHANDLE 156
    TRICK 156

CAVA JELLY MED JORDBÆR 157
    INGREDIENSER 157
    BEHANDLE 157
    TRICK 157

PANDEKAGER 158
    INGREDIENSER 158

- BEHANDLE 158
- TRICK 158
- SAINT JOHN COCA 159
  - INGREDIENSER 159
  - BEHANDLE 159
- BOLOGNESESAUCE 160
  - INGREDIENSER 160
  - BEHANDLE 160
  - TRICK 161
- HVID BULLING (KYLLING ELLER OKSE) 162
  - INGREDIENSER 162
  - BEHANDLE 162
  - TRICK 162
- KONCASSÉ TOMAT 164
  - INGREDIENSER 164
  - BEHANDLE 164
  - TRICK 164
- ROBERTO SALSA 165
  - INGREDIENSER 165
  - BEHANDLE 165
  - TRICK 165
- PINK SAUCE 166
  - INGREDIENSER 166
  - BEHANDLE 166
  - TRICK 166
- FISKE SUPPE 167

- INGREDIENSER 167
- BEHANDLE 167
- TRICK 167

Tysk sauce 168
- INGREDIENSER 168
- BEHANDLE 168
- TRICK 168

DYR SAUCE 169
- INGREDIENSER 169
- BEHANDLE 169
- TRICK 170

MØRK BULLING (KYLLING ELLER OKSE) 171
- INGREDIENSER 171
- BEHANDLE 171
- TRICK 172

MOJO PICÓN 173
- INGREDIENSER 173
- BEHANDLE 173
- TRICK 173

PESTOSAUCE 174
- INGREDIENSER 174
- BEHANDLE 174
- TRICK 174

SUR SØD SOCE 175
- INGREDIENSER 175
- BEHANDLE 175

- TRICK 175
- GRØN MOJITO 176
  - INGREDIENSER 176
  - BEHANDLE 176
  - TRICK 176
- BESSAMELLA SAUCE 177
  - INGREDIENSER 177
  - BEHANDLE 177
  - TRICK 177
- JÆGERSAUCE 178
  - INGREDIENSER 178
  - BEHANDLE 178
  - TRICK 178
- AIOLI Sauce 179
  - INGREDIENSER 179
  - BEHANDLE 179
  - TRICK 179
- AMERIKANSK Sauce 180
  - INGREDIENSER 180
  - BEHANDLE 180
  - TRICK 181
- AURORA "SAUCE 182
  - INGREDIENSER 182
  - BEHANDLE 182
  - TRICK 182
- BARBECUE Sauce 183

INGREDIENSER 183
BEHANDLE 183
TRICK 184
BERNISH Sauce 185
INGREDIENSER 185
BEHANDLE 185
TRICK 185
CARBONARA-SAUCE 187
INGREDIENSER 187
BEHANDLE 187
TRICK 187
LÆKKER Sauce 188
INGREDIENSER 188
BEHANDLE 188
TRICK 188
CUMBERLAND Sauce 189
INGREDIENSER 189
BEHANDLE 189
TRICK 190
KARRYSAUCE 191
INGREDIENSER 191
BEHANDLE 191
TRICK 192
HVIDLØGSSAUS 193
INGREDIENSER 193
BEHANDLE 193

- TRICK 193
- BRÅMBÆRSAUCE 194
  - INGREDIENSER 194
  - BEHANDLE 194
  - TRICK 194
- CIDERSAUCE 195
  - INGREDIENSER 195
  - BEHANDLE 195
  - TRICK 195
- KETCHUP 196
  - INGREDIENSER 196
  - BEHANDLE 196
  - TRICK 196
- PEDRO XIMENEZ VINSAUCE 198
  - INGREDIENSER 198
  - BEHANDLE 198
  - TRICK 198
- FLØDESAUCE 199
  - INGREDIENSER 199
  - BEHANDLE 199
  - TRICK 199
- MAJONNAISESAUCE 200
  - INGREDIENSER 200
  - BEHANDLE 200
  - TRICK 200
- YOGHURT OG DILLSAUCE 201

- INGREDIENSER 201
- BEHANDLE 201
- TRICK 201
- DJÆVELSAUCE 202
  - INGREDIENSER 202
  - BEHANDLE 202
  - TRICK 202
- SPANSK Sauce 203
  - INGREDIENSER 203
  - BEHANDLE 203
  - TRICK 203
- NEDERLANDSKE SAUCE 204
  - INGREDIENSER 204
  - BEHANDLE 204
  - TRICK 204
- ITALIENSKE KRYDDER 205
  - INGREDIENSER 205
  - BEHANDLE 205
  - TRICK 205
- MUSSELLINESAUCE 207
  - INGREDIENSER 207
  - BEHANDLE 207
  - TRICK 207
- REMOULADESAUCE 208
  - INGREDIENSER 208
  - BEHANDLE 208

- TRICK 208
- BIZCAINE Sauce 209
  - INGREDIENSER 209
  - BEHANDLE 209
  - TRICK 209
- BLÆKSAUCE 211
  - INGREDIENSER 211
  - BEHANDLE 211
  - TRICK 211
- MORGENSAUCE 212
  - INGREDIENSER 212
  - BEHANDLE 212
  - TRICK 212
- ROMESCA Sauce 213
  - INGREDIENSER 213
  - BEHANDLE 213
  - TRICK 214
- SOUBISE-SAUCE 215
  - INGREDIENSER 215
  - BEHANDLE 215
  - TRICK 215
- TARTARSAUCE 216
  - INGREDIENSER 216
  - BEHANDLE 216
  - TRICK 216
- TOFFESAUCE 217

        INGREDIENSER 217
        BEHANDLE 217
        TRICK 217
    KARTOFFEL 218
        INGREDIENSER 218
        BEHANDLE 218
        TRICK 218

AJOARRIERO COD

INGREDIENSER

400 g afsaltede torskeflager

2 spsk hydreret chorizo chilipeber

2 spsk tomatsauce

1 grøn peber

1 rød peberfrugt

1 fed hvidløg

1 løg

1 chilipeber

Olivenolie

saltet

BEHANDLE

Skær grøntsagerne i Juliana-stil og steg ved middel varme, indtil de er meget bløde. Med salt.

Tilsæt spiseskefulde chorizo chili, tomatsauce og chilipeber. Tilsæt den smuldrede torsk og kog i 2 minutter.

TRICK

Det er det perfekte fyld til at lave en lækker empanada.

SHERRY DAMPTE KULLER

INGREDIENSER

750 g muslinger

600 ml Jerez vin

1 laurbærblad

1 fed hvidløg

1 citron

2 spsk olivenolie

saltet

BEHANDLE

Fjern muslingerne.

Kom 2 spsk olie i en varm pande og steg det hakkede hvidløg til det er lysebrunt.

Tilsæt pludselig muslinger, vin, laurbærblad, citron og salt. Dæk til og kog indtil de åbner sig.

Server muslingerne med deres sauce.

TRICK

Udrensning involverer nedsænkning af de muslinger i koldt, rigeligt saltet vand for at fjerne sand og urenheder.

ALLE FISKEFROG PEBRE MED REJER

INGREDIENSER

Til fiskefonden

15 rejehoveder og kroppe

1 hoved eller 2 haleryge af havtaske eller hvidfisk

Ketchup

1 forårsløg

1 porre

saltet

Til gryderet

1 stor havtaskehale (eller 2 små)

Rejekroppe

1 spsk sød paprika

8 fed hvidløg

4 store kartofler

3 skiver brød

1 cayennepeber

flåede mandler

Olivenolie

Salt og peber

BEHANDLE

Til fiskefonden

Tilbered en fiskefond ved at sautere rejekroppe og tomatsauce. Tilsæt ben eller havtaskehoved og julienne-grøntsager. Dæk med vand og kog i 20 minutter, filtrer og smag til med salt.

Til gryderet

Steg hele hvidløget på en pande. Saml og reserver. Steg mandlerne i samme olie. Saml og reserver.

Steg brødet i samme olie, indtil det er brunt. Træk tilbage.

Knus hvidløg i en morter, en håndfuld hele, uskrællede mandler, brødskiverne og cayennepeber.

Steg peberfrugten let i olien, der brunede hvidløget, pas på ikke at brænde det, og tilsæt det til fonden.

Tilsæt cachelada kartoflerne og kog indtil de er møre. Tilsæt den peberede havtaske og kog i 3 minutter. Tilsæt majado og rejer og kog i yderligere 2 minutter, indtil saucen tykner. Smag til med salt og server varm.

TRICK

Brug kun lager nok til at dække kartoflerne. Den mest almindelige fisk, der bruges til denne opskrift, er ål, men den kan også tilberedes med enhver form for kødfisk, såsom hundehat eller conger ål.

RIGT BRUG

INGREDIENSER

1 brasen renset, renset og skælvet

25 g rasp

2 fed hvidløg

1 chilipeber

Eddike

Olivenolie

saltet

BEHANDLE

Salt og olie brasenen indvendigt og udvendigt. Drys med rasp og bag ved 180°C i 25 minutter.

Steg imens snittet hvidløg og chilipeber ved middel varme. Fjern et skvæt eddike fra varmen og krydr havbrasen med denne sauce.

TRICK

Mejsling involverer at lave indsnit i hele bredden af fisken, så den koger hurtigere.

MARINERA KLEMMER

INGREDIENSER

1 kg muslinger

1 lille glas hvidvin

1 spsk mel

2 fed hvidløg

1 lille tomat

1 løg

½ chilipeber

Madfarve eller safran (valgfrit)

Olivenolie

saltet

BEHANDLE

Dyp muslingerne i koldt vand med rigeligt salt i et par timer for at fjerne eventuelle spor af jord.

Når de er renset, koges muslingerne i vin og ¼ liter vand. Når de åbner sig, fjern og reserver væsken.

Skær løg, hvidløg og tomat i små stykker og steg i lidt olie. Tilsæt chilien og kog til den er gennemstegt.

Tilsæt en skefuld mel og kog i yderligere 2 minutter. Tilsæt kogevandet fra muslingerne. Kog i 10 minutter og smag til med salt. Tilsæt muslingerne og kog i endnu et minut. Tilsæt nu madfarve eller safran.

TRICK
Hvidvin kan erstattes med sød vin. Saucen er meget god.

TORSK MED PILLE

INGREDIENSER

4 eller 5 afsaltede torskefileter

4 fed hvidløg

1 chilipeber

½ liter olivenolie

BEHANDLE

Steg hvidløg og chilipeber i olivenolie ved svag varme. Dræn dem og lad olien køle lidt af.

Tilsæt torskefileterne med skindsiden opad og steg ved svag varme i 1 minut. Vend og lad stå i yderligere 3 minutter. Det er vigtigt, at det er kogt i olie, ikke stegt.

Fjern torsken, hæld olien gradvist fra, indtil kun det hvide stof (gelatine), som torsken har afgivet, er tilbage.

Fjern fra varmen og brug en sigte med et piskeris eller med dine egne cirkulære bevægelser, hvor du gradvist inkorporerer den dekanterede olie. Pisk pillepillen i 10 minutter under konstant omrøring.

Når den er færdig, returnerer du torsken og rører i endnu et minut.

TRICK

For at give det et anderledes twist, kan du indgyde et skinkeben eller nogle aromatiske urter i olien, som torsken tilberedes i.

KYLLINGETROMMER MED WHISKY

INGREDIENSER

12 kyllingelår

200 ml fløde

150 ml whisky

100 ml hønsefond

3 æggeblommer

1 forårsløg

Mel

Olivenolie

Salt og peber

BEHANDLE

Krydr, mel og steg kyllingelårene til de er brune. Saml og reserver.

Steg det finthakkede forårsløg i samme olie i 5 minutter. Tilsæt whiskyen og flamber (emhætten skal være slukket). Tilsæt fløde og bouillon. Tilsæt kyllingen igen og steg ved svag varme i 20 minutter.

Sluk for varmen, tilsæt æggeblommerne og bland forsigtigt, så saucen tykner lidt. Smag til med salt og peber evt.

TRICK

Whisky kan erstattes med den alkoholiske drik, som vi bedst kan lide.

Stegt and

INGREDIENSER

1 renset and

1 liter hønsefond

4 dl sojasovs

3 spiseskefulde honning

2 fed hvidløg

1 lille løg

1 cayennepeber

frisk ingefær

Olivenolie

Salt og peber

BEHANDLE

I en skål blandes hønsefond, sojabønner, revet hvidløg, finthakket chili og løg, honning, et lille stykke revet ingefær og peber. Mariner anden i denne blanding i 1 time.

Fjern den fra macerationen og læg den på en bageplade med halvdelen af macerationsvæsken. Grill ved 200ºC i 10 minutter på hver side. Konstant våd med en børste.

Reducer ovnen til 180ºC og bag i yderligere 18 minutter på hver side (fortsæt med en pensel hvert 5. minut).

Fjern anden fra gryden, stil den til side og reducer saucen til det halve i en gryde ved middel varme.

TRICK

Kog fuglene med brystsiden nedad først, det vil gøre dem mindre tørre og mere saftige.

VILLAROY KYLLINGEBRYST

INGREDIENSER

1 kg kyllingefileter

2 gulerødder

2 stilke selleri

1 løg

1 porre

1 majroe

Mel, æg og rasp (til panering)

for besamel

1 liter mælk

100 g smør

100 g mel

Muskatnød

Salt og peber

BEHANDLE

Kog alle rensede grøntsager i 2 liter (koldt) vand i 45 minutter.

I mellemtiden laver du en béchamelsauce ved at brune melet i smørret ved middel varme i 5 minutter. Tilsæt derefter mælken og bland. Salt og tilsæt muskatnød. Kog i 10 minutter ved lav varme uden at stoppe med at piske.

Filtrer fonden og steg brysterne (hele eller fileterede) i 15 minutter. Dræn dem og lad dem køle af. Krydr brysterne godt med bechamelsaucen og stil dem i køleskabet. Når det er koldt, dyppes det i melet, derefter i ægget og til sidst i rasperne. Steg i nok olie og server varm.

TRICK

Du kan bruge fonden og de malede grøntsager til at lave en lækker creme.

KYLLINGEBRYST MED SENNEPS OG CITRONSAUCE

INGREDIENSER

4 kyllingefileter

250 ml fløde

3 spiseskefulde grappa

3 spsk sennep

1 spsk mel

2 fed hvidløg

1 citron

½ forårsløg

Olivenolie

Salt og peber

BEHANDLE

Krydr brysterne, skær dem i almindelige stykker, og steg dem, indtil de er brune med et skvæt olie. At reservere.

Steg purløg og finthakket hvidløg i samme olie. Tilsæt melet og kog i 1 minut Tilsæt cognacen til den er fordampet og hæld fløden, 3 spsk citronsaft og dens skal, sennep og salt i. Kog saucen i 5 minutter.

Tilsæt kyllingen igen og kog ved svag varme i yderligere 5 minutter.

TRICK

Skræl citronen, inden du trækker saften ud. For at spare penge kan du også lave den med hakket kylling i stedet for bryst.

STEGT GANETTE MED BLOMME OG SVAMPE

INGREDIENSER

1 perlehøne

250 g svampe

200 ml port

¼ liter hønsefond

15 udstenede blommer

1 fed hvidløg

1 tsk mel

Olivenolie

Salt og peber

BEHANDLE

Salt, peber og steg perlehønen sammen med blommerne i 40 minutter ved 175 ºC. Vend det halvvejs i kogningen. Når tiden er gået, fjern saften og reserver.

Steg 2 spsk olie og melet på en pande i 1 minut. Tilsæt vinen og reducer til det halve. Tilsæt stegesaft og bouillon. Kog i 5 minutter uden at holde op med at røre.

Steg svampene hver for sig med lidt hakket hvidløg, kom dem i saucen og bring det i kog. Server perlehønen med saucen.

TRICK

Til særlige lejligheder kan du proppe perlehønen med æbler, foie, hakket kød, nødder.

 AVES

VILLAROY KYLLINGEBRYST FYLDT MED KARAMELISEREDE PIQUILLOER MED MODENA EDDIKE

INGREDIENSER

4 kyllingebrystfileter

100 g smør

100 g mel

1 liter mælk

1 dåse piquillo peberfrugt

1 glas Modena eddike

½ glas sukker

Muskatnød

Æg og rasp (til dækning)

Olivenolie

Salt og peber

BEHANDLE

Steg smør og mel i 10 minutter ved svag varme. Hæld derefter mælken i og kog i 20 minutter under konstant omrøring. Smag til og tilsæt muskatnød. Lad afkøle.

I mellemtiden karamelliserer du peberfrugten med eddike og sukker, indtil eddiken lige begynder at tykne.

Krydr fileterne med salt og peber og fyld dem med piquillopeber. Pak brysterne ind i husholdningsfilm, som om de var meget hårde slik, luk dem og kog dem i vand i 15 minutter.

Når de er kogt, krydrer du dem på alle sider med béchamelsaucen og dypper dem i det sammenpiskede æg og rasp. Steg i nok olie.

TRICK

Tilføjer du et par skefulde karry, mens du sauterer melet til béchamelsaucen, bliver resultatet anderledes og meget rigt.

KYLLINGEBRYST FYLDT MED BACON, SVAMPE OG OST

INGREDIENSER

4 kyllingebrystfileter

100 g svampe

4 skiver røget bacon

2 spsk sennep

6 spiseskefulde fløde

1 løg

1 fed hvidløg

skiveskåret ost

Olivenolie

Salt og peber

BEHANDLE

Krydr kyllingefileterne. Rens svampene og skær dem i kvarte.

Brun baconen og steg de hakkede svampe med hvidløget ved høj varme.

Fyld fileterne med bacon, ost og svampe og forsegl dem perfekt med husholdningsfilm, som var det slik. Kog i 10 minutter i kogende vand. Fjern filmen og fileten.

Kog på den anden side det hakkede løg, tilsæt fløde og sennep, kog i 2 minutter og bland. Steg kyllingen ovenpå

TRICK

Husholdningsfilmen kan tåle høje temperaturer og tilfører ingen smag til maden.

KYLLING I SØD VIN MED BLOMER

INGREDIENSER

1 stor kylling

100 g udstenede blommer

½ l hønsefond

½ flaske sød vin

1 forårsløg

2 gulerødder

1 fed hvidløg

1 spsk mel

Olivenolie

Salt og peber

BEHANDLE

Krydr og steg den hakkede kylling i en meget varm pande med olie. Afhentning og reservation.

Steg det finthakkede forårsløg, hvidløg og gulerødder i samme olie. Når grøntsagerne er gennemstegte tilsættes melet og koges i endnu et minut.

Hæld den søde vin i og skru op for varmen, indtil den er næsten helt fordampet. Tilsæt fonden og tilsæt kylling og svesker igen.

Kog i cirka 15 minutter eller indtil kyllingen er gennemstegt. Fjern kyllingen og bland saucen. Bring det til saltpunktet.

TRICK

Tilføjer du lidt koldt smør til den hakkede sauce og piskes med et piskeris, får du mere tykkelse og glans.

ORANGE KYLLINGEBRYST MED CASHEWNØDER

INGREDIENSER

4 kyllingefileter

75 g cashewnødder

2 glas naturlig appelsinjuice

4 spiseskefulde honning

2 spsk Cointreau

Mel

Olivenolie

Salt og peber

BEHANDLE

Krydr og mel brysterne. Steg dem i rigeligt olie, indtil de er brune, fjern dem og stil dem til side.

Kog appelsinjuicen med Cointreau og honning i 5 minutter. Tilsæt brysterne til saucen og kog ved svag varme i 8 minutter.

Server med salsa og cashewnødder på toppen.

TRICK

En anden måde at lave en god appelsinsauce på er at starte med ikke særlig mørke slik tilsat naturlig appelsinjuice.

Syltet agerhøne

INGREDIENSER

4 agerhøns

300 g løg

200 g gulerødder

2 glas hvidvin

1 hoved hvidløg

1 laurbærblad

1 glas eddike

1 glas olie

Salt og 10 peberkorn

BEHANDLE

Krydr og steg agerhønsene ved høj varme, indtil de er brune. Saml og reserver.

Steg julienne gulerødder og løg i samme olie. Når grøntsagerne er bløde tilsættes vin, eddike, peberkorn, salt, hvidløg og laurbærblade. Bages i 10 minutter.

Sæt agerhønen tilbage og kog i yderligere 10 minutter ved svag varme.

TRICK

For at give syltet kød eller fisk mere smag, er det bedst at lade det hvile i mindst 24 timer.

KYLLINGEKACCIATOR

INGREDIENSER

1 hakket kylling

50 g champignon i skiver

½ l hønsefond

1 glas hvidvin

4 revne tomater

2 gulerødder

2 fed hvidløg

1 porre

½ løg

1 bundt aromatiske urter (timian, rosmarin, laurbærblade...)

Olivenolie

Salt og peber

BEHANDLE

Krydr kyllingen og steg den brun på en varm pande med et skvæt olie. Afhentning og reservation.

Steg gulerødder, hvidløg, porre og løg, skåret i små stykker, i samme olie. Tilsæt derefter revet tomat. Steg indtil tomaten mister sit vand. Læg kyllingen tilbage.

Brun svampene separat og kom dem i stuvningen. Fugt med glasset vin og lad det reducere.

Hæld bouillon i og tilsæt de aromatiske urter. Kog indtil kyllingen er færdig. Smag til med salt.

TRICK

Denne ret kan også laves med kalkun og endda kanin.

COCA Cola STIL KYLLINGEVINGER

INGREDIENSER

1 kg kyllingevinger

½ liter Coca-Cola

4 spsk brun farin

2 spsk sojasovs

1 jævn skefuld oregano

½ citron

Salt og peber

BEHANDLE

Hæld Coca-Cola, sukker, soja, oregano og saft af ½ citron i en gryde og kog i 2 minutter.

Skær vingerne i halve og krydr dem. Kog dem ved 160 ºC, indtil de får lidt farve. Tilsæt derefter halvdelen af saucen og vend vingerne. Vend dem hvert 20. minut.

Når saucen er næsten reduceret tilsættes den anden halvdel og steges videre til saucen er tyk.

TRICK

Tilføjelse af en kvist vanilje, mens du forbereder saucen, forstærker smagen og giver den et karakteristisk præg.

HVIDLØGSKYLLING

INGREDIENSER

1 hakket kylling

8 fed hvidløg

1 glas hvidvin

1 spsk mel

1 cayennepeber

Eddike

Olivenolie

Salt og peber

BEHANDLE

Krydr kyllingen og steg til den er godt brunet. Reservér og lad olien nå temperaturen.

Skær hvidløgsfeddene i tern og confitér (kog i olie, steg ikke) hvidløg og cayennepeber uden at lade dem brune.

Fugt vinen og lad den reducere, indtil den har en vis tæthed, men ikke er tør.

Tilsæt derefter kyllingen og tilsæt gradvist teskeen mel ovenpå. Bland (tjek om hvidløget klæber til kyllingen; hvis ikke, tilsæt lidt mere mel, indtil det klæber lidt).

Dæk til og rør af og til. Kog i 20 minutter ved lav varme. Afslut med et skvæt eddike og kog i endnu et minut.

TRICK

Stegt kylling er afgørende. Den skal stå på meget høj varme, så den forbliver gyldenbrun udenpå og saftig indeni.

CHILINDRON KYLLING

INGREDIENSER

1 lille hakket kylling

350 g hakket Serranoskinke

1 dåse 800 g tomatpulp

1 stor rød peberfrugt

1 stor grøn peberfrugt

1 stort løg

2 fed hvidløg

timian

1 glas hvid- eller rødvin

Sukker

Olivenolie

Salt og peber

BEHANDLE

Krydr kyllingen og steg den ved høj varme. Afhentning og reservation.

I samme olie steges peber, hvidløg og løg, skåret i mellemstore stykker. Når grøntsagerne er gyldenbrune tilsættes skinken og koges i yderligere 10 minutter.

Kom kyllingen i igen og hæld vinen i. Kog i 5 minutter ved høj varme og tilsæt tomat og timian. Reducer varmen og kog i yderligere 30 minutter. Korriger salt og sukker.

TRICK

Samme opskrift kan laves med frikadeller. Der vil ikke være noget tilbage på din tallerken!

MARINEREDE VAGTELLER OG RØDE FRUGTER

INGREDIENSER

4 vagtler

150 g rød frugt

1 glas eddike

2 glas hvidvin

1 gulerod

1 porre

1 fed hvidløg

1 laurbærblad

Mel

1 glas olie

Salt og peberkorn

BEHANDLE

Mel, krydr og steg vagtlerne brune på en pande. Afhentning og reservation.

Steg gulerod og porre skåret i stave og de snittede hvidløg i samme olie. Når grøntsagerne er bløde tilsættes olie, eddike og vin.

Tilsæt laurbærblad og peber. Smag til med salt og kog sammen med de røde frugter i 10 minutter.

Tilsæt vagtlerne og pocher i yderligere 10 minutter, indtil de er gennemstegte. Lad hvile tildækket af varmen.

TRICK

Sammen med vagtelkød er denne marinade et lækkert krydderi og tilbehør til en god salatsalat.

KYLLING MED CITRON

INGREDIENSER

1 kylling

30 g sukker

25 g smør

1 liter hønsefond

1dl hvidvin

Saft af 3 citroner

1 løg

1 porre

Olivenolie

Salt og peber

BEHANDLE

Skær kyllingen og krydr. Brun ved høj varme og fjern.

Pil løget, rens porren og skær det i julienne strimler. Steg grøntsagerne i den samme olie, som kyllingen er lavet i. Tilsæt vinen og lad den dampe af.

Tilsæt citronsaft, sukker og bouillon. Kog i 5 minutter og kom kyllingen i igen. Kog i yderligere 30 minutter ved svag varme. Smag til med salt og peber.

TRICK

For at gøre saucen finere og uden klumper af grøntsager er det bedre at purere den.

KYLLING SAN JACOBO MED SERRANOHAM, TARTA DEL CASAR OG RAKET

INGREDIENSER

8 tynde kyllingefileter

150 g bryllupskage

100 g raket

4 skiver serranoskinke

Mel, æg og korn (til overdækning)

Olivenolie

Salt og peber

BEHANDLE

Krydr kyllingefileterne og pensl dem med osten. Placer rucola og Serrano skinke på en af dem og læg en anden ovenpå for at lukke den. Gør det samme med resten.

Dyp dem i mel, sammenpisket æg og hakket korn. Steg i rigeligt varm olie i 3 minutter.

TRICK

Den kan toppes med knuste popcorn, kikos og endda vermicelli. Resultatet er meget sjovt.

BAGET KARRYKYLLING

INGREDIENSER

4 kyllingeunderlår (pr. person)

1 liter fløde

1 purløg eller løg

2 spsk karry

4 naturlige yoghurter

saltet

BEHANDLE

Skær løget i små stykker og bland det i en skål med yoghurt, fløde og karry. Smag til med salt.

Skær kyllingen og lad den marinere i yoghurtsaucen i 24 timer.

Steg ved 180ºC i 90 minutter, tag kyllingen ud og server med den piskede sauce.

TRICK

Har du sovsen til overs, kan du bruge den til at lave lækre frikadeller.

KYLLING I RØDVIN

INGREDIENSER

1 hakket kylling

½ liter rødvin

1 kvist rosmarin

1 kvist timian

2 fed hvidløg

2 porrer

1 rød peberfrugt

1 gulerod

1 løg

Hønsekødssuppe

Mel

Olivenolie

Salt og peber

BEHANDLE

Krydr kyllingen og brun den i en varm pande. Afhentning og reservation.

Skær grøntsagerne i små stykker og steg dem i den samme olie, som kyllingen blev stegt i.

Hæld vinen i, tilsæt de aromatiske urter og kog ved høj varme i cirka 10 minutter, indtil den er reduceret. Tilsæt kyllingen igen og tilsæt bouillon til den er dækket. Kog i yderligere 20 minutter eller indtil kødet er gennemstegt.

TRICK

Hvis du vil have en finere sauce uden bidder, blandes og sis saucen.

STEGT KYLLING MED SORT ØL

INGREDIENSER

4 kyllingeskodder

Stærk 750 ml

1 spsk spidskommen

1 kvist timian

1 kvist rosmarin

2 løg

3 fed hvidløg

1 gulerod

Salt og peber

BEHANDLE

Julienne løg, gulerødder og hvidløg. Læg timian og rosmarin i bunden af en bageplade og læg løg, gulerødder og hvidløg ovenpå; og så kyllingelårene med skindsiden nedad, krydret og drysset med spidskommen. Bages i cirka 45 minutter ved 175ºC.

Efter 30 minutter fugtes med øl, tærterne vendes og koges i yderligere 45 minutter. Når kyllingen er brun, tages den af panden og saucen blandes i.

TRICK

Lægger du 2 æbler i skiver i midten af stegen og moser dem med resten af saucen, bliver smagen endnu bedre.

CHOKOLADE PARIS

INGREDIENSER

4 agerhøns

½ l hønsefond

½ glas rødvin

1 kvist rosmarin

1 kvist timian

1 forårsløg

1 gulerod

1 fed hvidløg

1 revet tomat

Chokolade

Olivenolie

Salt og peber

BEHANDLE

Krydr agerhønsene og steg til de er brune. At reservere.

Steg den hakkede gulerod, hvidløg og forårsløg i samme olie ved middel varme. Øg varmen og tilsæt tomaten. Kog indtil vandet er tabt. Hæld vinen i og lad den dampe af næsten helt.

Tilsæt bouillon og tilsæt krydderurterne. Kog ved svag varme til agerhønsene er færdige. Smag til med salt. Fjern fra varmen og tilsæt chokolade efter smag. At slette.

TRICK

For at give retten et krydret præg kan du tilføje cayennepeber og hvis du vil have den sprød kan du tilføje ristede hasselnødder eller mandler.

Stegte KALKIET KVARTER MED RØD FRUGTSAUCE

INGREDIENSER

4 kalkunskodder

250 g rød frugt

½ liter mousserende vin

1 kvist timian

1 kvist rosmarin

3 fed hvidløg

2 porrer

1 gulerod

Olivenolie

Salt og peber

BEHANDLE

Rens og julienne porre, gulerødder og hvidløg. Læg denne grøntsag sammen med timian, rosmarin og røde frugter på en bageplade.

Læg kalkunfjerdingerne ovenpå, pensl med et skvæt olie og skindsiden nedad. Steg i 1 time ved 175ºC.

Tag cava-badet efter 30 minutter. Vend kødet og grill i yderligere 45 minutter. Når tiden er gået, fjernes den fra gryden. Kværn, filtrer og juster saltet af saucen.

TRICK

Kalkunen er klar, når benet og låret let kommer væk.

STEGT KYLLING MED FERSKENSAUCE

INGREDIENSER

4 kyllingeskodder

½ liter hvidvin

1 kvist timian

1 kvist rosmarin

3 fed hvidløg

2 ferskner

2 løg

1 gulerod

Olivenolie

Salt og peber

BEHANDLE

Julienne løg, gulerødder og hvidløg. Skræl ferskerne, skær dem i halve og fjern kernen.

Læg timian og rosmarin sammen med gulerod, løg og hvidløg i bunden af et ovnfad. Læg bagdelen ovenpå, drysset med en sjat olie, med skindsiden nedad og steg ved 175ºC i ca. 45 minutter.

Efter 30 minutter tilsættes hvidvinen, vend dem og bages i yderligere 45 minutter, indtil de er brune. Når kyllingen er brun, tages den af panden og saucen blandes i.

TRICK

Æbler eller pærer kan tilsættes til stegen. Saucen vil smage lækkert.

KYLLINGFILET FYLDT MED SPINAT OG MOZZARELLA

INGREDIENSER

8 tynde kyllingefileter

200 g frisk spinat

150 gram mozzarella

8 basilikumblade

1 tsk stødt spidskommen

Mel, æg og rasp (til panering)

Olivenolie

Salt og peber

BEHANDLE

Krydr brysterne på begge sider. Læg spinat, hakket ost og hakket basilikum ovenpå og dæk med en anden filet. Dyp blandingen i mel, sammenpisket æg og rasp-spidskommen blandingen.

Steg et par minutter på hver side og fjern overskydende olie på fedtsugende papir.

TRICK

Den perfekte tilføjelse er en god tomatsauce. Denne ret kan tilberedes med kalkun og også med frisk filet.

STEGT KYLLING I KAVAREN

INGREDIENSER

4 kyllingeskodder

1 flaske mousserende vin

1 kvist timian

1 kvist rosmarin

3 fed hvidløg

2 løg

Olivenolie

Salt og peber

BEHANDLE

Skær løg og hvidløg i juliana-strimler. Læg timian og rosmarin i bunden af et bradepande, læg løg og hvidløg ovenpå, derefter peberløg med skindsiden nedad. Bages i cirka 45 minutter ved 175ºC.

Efter 30 minutter tilsættes cava, vend resterne og kog i yderligere 45 minutter. Når kyllingen er brun, tages den af panden og saucen blandes i.

TRICK

En anden variabel i samme opskrift er at lave den med Lambrusco eller sød vin.

KYLLINGESPYD MED PEANUTSAUCE

INGREDIENSER

600 g kyllingefileter

150 g jordnødder

500 ml hønsefond

200 ml fløde

3 spsk sojasovs

3 spiseskefulde honning

1 spsk karry

1 cayennepeber, meget fint malet

1 spsk limesaft

Olivenolie

Salt og peber

BEHANDLE

Mos jordnødderne rigtig godt, indtil de bliver en pasta. Bland dem i en skål med limesaft, bouillon, soja, honning, karry, salt og peber. Skær brysterne i stykker og lad dem marinere i denne blanding natten over.

Fjern kyllingen og læg den på spyddene. Kog den forrige blanding sammen med fløden ved svag varme i 10 minutter.

Steg spyddene på en pande ved middel varme og server med saucen på toppen.

TRICK

De kan laves med kyllingeunderlår. Men i stedet for at brune dem i en pande, så steg dem i ovnen med saucen ovenpå.

KYLLING I PEPITORY

INGREDIENSER

Halvandet kg kylling

250 g løg

50 g ristede mandler

25 g bagt brød

½ l hønsefond

¼ l god vin

2 fed hvidløg

2 laurbærblade

2 hårdkogte æg

1 spsk mel

14 tråde safran

150 g olivenolie

Salt og peber

BEHANDLE

Skær kyllingen i stykker og krydr den. Guld og reserve.

Skær løg og hvidløg i små stykker og steg dem i den samme olie, som kyllingen blev lavet i. Tilsæt melet og kog ved svag varme i 5 minutter. Tilsæt vinen og lad den dampe af.

Tilsæt bouillonen til saltpunktet og kog i yderligere 15 minutter. Tilsæt derefter den reserverede kylling sammen med laurbærbladene og kog indtil kyllingen er færdig.

Rist safranen hver for sig og kom den i morteren sammen med det bagte brød, mandler og æggeblommer. Purér til en pasta og tilsæt kyllingegryden. Kog i yderligere 5 minutter.

TRICK

Der er ingen bedre tilføjelse til denne opskrift end en god rispilaf. Den kan serveres med hakket æggehvide og lidt hakket persille på toppen.

KYLLING MED APPELSIN

INGREDIENSER

1 kylling

25 g smør

1 liter hønsefond

1 dl rosévin

2 spiseskefulde honning

1 kvist timian

2 gulerødder

2 appelsiner

2 porrer

Olivenolie

Salt og peber

BEHANDLE

Krydr den hakkede kylling og steg den i olivenolie ved høj varme. Saml og reserver.

Skræl gulerødder og porre, rens dem og skær dem i julienne strimler. Steg i samme olie, som kyllingen blev brunet i. Hæld vinen i og kog over høj varme, indtil den er reduceret.

Tilsæt appelsinjuice, honning og bouillon. Kog i 5 minutter og tilsæt kyllingestykkerne igen. Kog ved svag varme i 30 minutter. Tilsæt det kolde smør og smag til med salt og peber.

TRICK

Du kan sautere en stor håndfuld nødder og tilføje dem til gryderet ved slutningen af tilberedningen.

GRYDNINGSKYLLING MED PORCINI

INGREDIENSER

1 kylling

200 g serranoskinke

200 g porcini svampe

50 g smør

600 ml hønsefond

1 glas hvidvin

1 kvist timian

1 fed hvidløg

1 gulerod

1 løg

1 tomat

Olivenolie

Salt og peber

BEHANDLE

Skær kyllingen, krydr den og steg den brun i smør og et skvæt olie. Saml og reserver.

I samme fedtstof steges løg, gulerod og hvidløg skåret i små stykker sammen med skinke i tern. Øg varmen og tilsæt de hakkede porcini-svampe. Kog i 2 minutter, tilsæt revet tomat og kog til det mister alt vandet.

Tilsæt kyllingestykkerne igen og tilsæt vinen. Lad det reducere til saucen er næsten tør. Hæld bouillon i og tilsæt timian. Lad det simre i 25 minutter eller indtil kyllingen er gennemstegt. Smag til med salt.

TRICK

Brug sæsonbestemte eller tørrede svampe.

KYLLINGSDÆG MED NØDDER OG SOJA

INGREDIENSER

3 kyllingefileter

70 g rosiner

30 g mandler

30 g cashewnødder

30 g valnødder

30 g hasselnødder

1 kop hønsebouillon

3 spsk sojasovs

2 fed hvidløg

1 cayennepeber

1 citron

Ingefær

Olivenolie

Salt og peber

BEHANDLE

Skær brysterne i stykker, krydr dem og steg dem brune på en pande ved høj varme. Saml og reserver.

Steg valnødderne i olien sammen med revet hvidløg, et lille stykke revet ingefær, cayennepeber og citronskal.

Tilsæt rosiner, reserverede bryster og sojabønner. Lad det koge i 1 minut og tilsæt bouillon. Kog i yderligere 6 minutter ved middel varme, tilsæt eventuelt salt.

TRICK

Der vil stort set ikke være behov for at bruge salt, da det næsten udelukkende består af sojabønner.

CHOKOLADEKYLLING MED BISTET ALMEDRAS

INGREDIENSER

1 kylling

60 g revet mørk chokolade

1 glas rødvin

1 kvist timian

1 kvist rosmarin

1 laurbærblad

2 gulerødder

2 fed hvidløg

1 løg

Kyllingefond (eller vand)

Brændte mandler

Ekstra jomfru oliven olie

Salt og peber

BEHANDLE

Skær kyllingen, krydr den og steg den brun på en meget varm pande. Saml og reserver.

I samme olie steges løg, gulerødder og hakkede hvidløgsfed ved svag varme.

Tilsæt laurbærbladet og timian- og rosmarinkvistene. Hæld vin og bouillon i og kog ved svag varme i 40 minutter. Smag til med salt og fjern kyllingen.

Purér saucen i en blender og kom den tilbage i gryden. Tilsæt kylling og chokolade og rør til chokoladen smelter. Kog i yderligere 5 minutter for at blande smagene.

TRICK

Afslut med ristede mandler på toppen. Tilsætning af cayennepeber eller chilipeber giver det et krydret kick.

LAMMESPYD MED PAPRIKA OG SENNEPSVINAIGRETE

INGREDIENSER

350 g lam

2 spiseskefulde eddike

1 jævn skefuld paprikapulver

1 jævn spiseskefuld sennep

1 jævn spiseskefuld sukker

1 kop cherrytomater

1 grøn peber

1 rød peberfrugt

1 lille forårsløg

1 løg

5 spiseskefulde olivenolie

Salt og peber

BEHANDLE

Rens grøntsagerne og skær dem, undtagen forårsløget, i mellemstore firkanter. Skær lammet i tern af samme størrelse. Saml spyddene og tilsæt et stykke kød og et stykke grøntsag. Sæson. Steg dem i en meget varm pande med et skvæt olie i 1 til 2 minutter på hver side.

Bland separat sennep, paprika, sukker, olie, eddike og hakket purløg i en skål. Tilsæt salt og emulger.

Server de frisklavede spyd med lidt paprikasauce.

TRICK

Du kan også tilsætte 1 spsk karry og lidt citronskal til vinaigretten.

FULDT KALFINNE I HAVNEN

INGREDIENSER

1 kg kalvefinner (åbner som en bog til at fylde)

350 g hakket svinekød

1 kg gulerødder

1 kg løg

100 g pinjekerner

1 lille dåse piquillo peberfrugt

1 krukke sorte oliven

1 pakke bacon

1 hoved hvidløg

2 laurbærblade

Port vin

Oksefond

Olivenolie

Salt og peberkorn

BEHANDLE

Krydr finnen på begge sider. Fyld med svinekød, pinjekerner, hakket peberfrugt, kvarte oliven og bacon i tern. Rul sammen og læg i et net eller bind med trensreb. Brun ved meget høj varme, fjern og stil til side.

Skær gulerødder, løg og hvidløg i brunoise og steg dem brune i samme olie, som kalvekødet blev stegt i. Sæt finnen på igen. Tilsæt et skvæt portvin og kødfond til det hele er dækket. Tilsæt 8 peberkorn og laurbærbladene. Kog tildækket ved lav varme i 40 minutter. Vend hvert 10. minut. Når kødet er mørt, fjernes saucen og blandes.

TRICK

Portvin kan erstattes af enhver anden vin eller champagne.

MADRILEÑA FRIKKADELLER

INGREDIENSER

1 kg hakket kød

500 g hakket svinekød

500 g modne tomater

150 g løg

100 g svampe

1 liter kødfond (eller vand)

2 dl hvidvin

2 spsk frisk persille

2 spsk brødkrummer

1 spsk mel

3 fed hvidløg

2 gulerødder

1 laurbærblad

1 æg

Sukker

Olivenolie

Salt og peber

BEHANDLE

Bland de to typer kød med hakket persille, 2 fed hvidløg i tern, rasp, ægget, salt og peber. Form kugler og steg dem brune på en pande. Afhentning og reservation.

Steg løget med det andet hvidløg i samme olie, tilsæt melet og brun det. Tilsæt tomaterne og kog i yderligere 5 minutter. Tilsæt vinen og kog i yderligere 10 minutter. Tilsæt bouillon og kog i yderligere 5 minutter. Knus og mal salt og sukker. Kog frikadellerne i saucen sammen med laurbærbladet i 10 minutter.

Rens gulerødder og champignon hver for sig, skræl og skær i tern. Steg dem med et skvæt olie i 2 minutter og kom dem i frikadellegryden.

TRICK

For at gøre frikadelleblandingen mere velsmagende tilsættes 150 g hakket frisk iberisk bacon. Når du tilbereder kuglerne, er det bedre ikke at presse for meget, så de bliver saftigere.

CHOKOLADE OKSEKINDER

INGREDIENSER

8 oksekind

½ liter rødvin

6 ounces chokolade

2 fed hvidløg

2 tomater

2 porrer

1 stilk selleri

1 gulerod

1 løg

1 kvist rosmarin

1 kvist timian

Mel

Kødfond (eller vand)

Olivenolie

Salt og peber

BEHANDLE

Krydr og steg kinderne på en meget varm pande. Afhentning og reservation.

Skær grøntsagerne i brunoise og steg dem i samme pande, som kinderne blev stegt i.

Når grøntsagerne er bløde tilsættes de revne cherrytomater og koges indtil alt vandet er tabt. Tilsæt vin og aromatiske krydderurter og lad dampe af i 5 minutter. Tilsæt kinder og oksefond, indtil det er dækket.

Kog til kinderne er meget bløde, tilsæt chokolade efter smag, rør rundt og smag til med salt og peber.

TRICK

Saucen kan hakkes eller efterlades med de hele grøntsagsstykker.

KONFIRKET SVINEKÆRTE MED SØD VINSAUCE

INGREDIENSER

½ hakket svinekød

1 glas sød vin

2 kviste rosmarin

2 kviste timian

4 fed hvidløg

1 lille gulerod

1 lille løg

1 tomat

delikat olivenolie

groft salt

BEHANDLE

Læg pattegrisen på en bageplade og salt på begge sider. Tilsæt presset hvidløg og krydderurter. Pensl med olie og rist ved 100 ºC i 5 timer. Lad det derefter varme op og udbenet, og fjern kød og skind.

Læg bagepapir på en bageplade. Del svinekødet og læg griseskindet ovenpå (mindst 2 fingre højt). Læg endnu et bagepapir på og opbevar det i køleskabet med lidt vægt på.

Forbered i mellemtiden en mørk bouillon. Skær knoglerne og grøntsagerne i mellemstore stykker. Rist knoglerne ved 185ºC i 35 minutter, tilsæt grøntsagerne til siderne og steg i yderligere 25 minutter. Tag ud af ovnen og hæld vinen i. Kom alt i en gryde og dæk med koldt vand. Kog i 2 timer ved meget lav varme. Filtrer og sæt den tilbage på varmen, indtil den er tyknet lidt. Affedtning.

Skær kagen i portioner og steg på en varm pande på skindsiden til den er sprød. Kog i 3 minutter ved 180ºC.

TRICK

Det er en ret, der er mere besværlig end svær, men resultatet er spektakulært. Det eneste trick for at undgå at ødelægge det til sidst er at servere saucen ved siden af kødet og ikke ovenpå.

MÆRKELIG KANIN

INGREDIENSER

1 hakket kanin

80 g mandler

1 liter hønsefond

Tab 400 ml i vægt

200 ml fløde

1 kvist rosmarin

1 kvist timian

2 løg

2 fed hvidløg

1 gulerod

10 tråde safran

Salt og peber

BEHANDLE

Skær kaninen, krydr den og steg den brun. Saml og reserver.

Steg gulerod, løg og hvidløg skåret i små stykker i samme olie. Tilsæt safran og mandler og kog i 1 minut.

Øg varmen og tilsæt presserester. flammet Tilsæt kaninen igen og tilsæt bouillon. Tilsæt timian og rosmarinkviste.

Kog i cirka 30 minutter til kaninen er færdig og tilsæt fløden. Kog i yderligere 5 minutter og smag til med salt.

TRICK

Flambering er forbrænding af spiritus. Sørg for, at emhætten er slukket.

FRIKKADELLER I PEBERHASSELNØDDSAUCE

INGREDIENSER

750 g hakket kød

750 g hakket svinekød

250 g løg

60 g hasselnødder

25 g bagt brød

½ l hønsefond

¼ liter hvidvin

10 tråde safran

2 spsk frisk persille

2 spsk brødkrummer

4 fed hvidløg

2 hårdkogte æg

1 frisk æg

2 laurbærblade

150 g olivenolie

Salt og peber

BEHANDLE

Bland kød, hakket persille, hvidløgstern, rasp, æg, salt og peber i en skål. Mel og brun i en gryde ved middel varme. Saml og reserver.

I samme olie steges løget og de andre 2 fed hvidløg i tern ved svag varme. Tilsæt vinen og lad den dampe af. Tilsæt fonden og kog i 15 minutter Kom frikadellerne i saucen sammen med laurbærbladene og kog i yderligere 15 minutter.

Rist safran hver for sig og knus den sammen med det bagte brød, hasselnødder og æggeblommer i en morter, indtil der er dannet en jævn pasta. Tilsæt til stuvningen og kog i yderligere 5 minutter.

TRICK

Server med hakket æggehvide og lidt persille på toppen.

KALVSKALPIN MED SORT ØL

INGREDIENSER

4 bøffer

125 g shiitakesvampe

1/3 liter mørk øl

1 dl kødfond

1 dl fløde

1 gulerod

1 forårsløg

1 tomat

1 kvist timian

1 kvist rosmarin

Mel

Olivenolie

Salt og peber

BEHANDLE

Krydr og mel fileterne. Steg dem let brune på en pande med et skvæt olie. Afhentning og reservation.

Steg forårsløg og gulerod i tern i samme olie. Når den er færdig tilsættes den revne tomat og koges indtil saucen er næsten tør.

Hæld øllet i, lad alkoholen dampe af i 5 minutter ved middel varme og tilsæt bouillon, krydderurter og fileter. Kog i 15 minutter eller indtil de er møre.

Steg de fileterede svampe separat ved høj varme og kom dem i stuvningen. Smag til med salt.

TRICK

Fileterne skal ikke overkoges, ellers bliver de meget seje.

MADRILEÑA TUR

INGREDIENSER

1 kg ren indmad

2 grisetravere

25 g mel

1 dl eddike

2 spsk paprikapulver

2 laurbærblade

2 løg (1 plukket)

1 hoved hvidløg

1 chilipeber

2 dl olivenolie

20 g salt

BEHANDLE

Blancher indmad og svinekød i en gryde med koldt vand. Når det begynder at koge, koges det i 5 minutter.

Tøm og udskift med rent vand. Tilsæt spidsløg, chilipeber, hvidløgsløg og laurbærblade. Tilsæt eventuelt mere vand for at dække det godt og kog over svag varme og tildækket i 4 timer, indtil zamponi og indmad er færdig.

Når indmaden er færdig, fjernes løg, laurbærblad og chilipeber. Fjern også traverne, udben dem og skær dem i stykker på størrelse med vommen. Læg det tilbage i gryden.

Steg det andet løg separat, skåret i brunoise, tilsæt peber og 1 spsk mel. Når det er kogt, tilsættes det til stuvningen. Kog i 5 minutter, tilsæt salt og tyk evt.

TRICK

Denne opskrift vil være mere smagfuld, hvis den tilberedes en dag eller to i forvejen. Du kan også tilføje kogte kikærter og få en førsteklasses bælgfrugtsret.

STIGT SVINELAM MED ÆBLER OG MYNTE

INGREDIENSER

800 g frisk svinemørbrad

500 g æbler

60 g sukker

1 glas hvidvin

1 glas grappa

10 mynteblade

1 laurbærblad

1 stort løg

1 gulerod

Olivenolie

Salt og peber

BEHANDLE

Krydr lænden med salt og peber, og steg til de er brune ved høj varme. Saml og reserver.

Steg det rensede og finthakkede løg og gulerod i olien. Skræl æblerne og fjern kernehuset.

Overfør det hele til en bageplade, fugt med alkohol og tilsæt laurbærbladet. Bages i 90 minutter ved 185ºC.

Fjern æbler og grøntsager og bland dem med sukker og mynte. Fileter lænden, smag til med kogesaften og kom med æblekompotten.

TRICK

Tilsæt lidt vand til gryden under tilberedningen for at forhindre lænden i at tørre ud.

KYLLINGEFRIKADELLER MED HINDBÆRSAUCE

INGREDIENSER

Til frikadellerne

1 kg kyllingefars

1dl mælk

2 spsk brødkrummer

2 æg

1 fed hvidløg

sherryvin

Mel

Hakket persille

Olivenolie

Salt og peber

Til hindbærsaucen

200 g hindbærsyltetøj

½ l hønsefond

1½ dl hvidvin

½ dl sojasovs

1 tomat

2 gulerødder

1 fed hvidløg

1 løg

saltet

BEHANDLE

Til frikadellerne

Bland kødet med rasp, mælk, æg, det finthakkede hvidløgsfed, persillen og en dråbe vin. Smag til med salt og peber og lad hvile i 15 minutter.

Form blandingen til kugler og rul dem i melet. Brun i olien og forsøg at efterlade noget råt. Reserver olien.

Til den søde og sure hindbærsauce

Skræl og skær løg, hvidløg og gulerødder i tern. Steg i samme olie, som frikadellerne blev brunet i. Smag til med en knivspids salt. Tilsæt den hakkede tomat uden skind og kerner og kog ved svag varme, indtil vandet fordamper.

Hæld vinen i og kog indtil det er reduceret til det halve. Tilsæt sojasauce og bouillon og kog i yderligere 20 minutter, indtil du har en tyk sauce. Tilsæt marmelade og frikadeller og kog i yderligere 10 minutter.

TRICK

Hindbærsyltetøj kan erstattes med enhver anden rød frugt og også med marmelade.

Lammegryderet

INGREDIENSER

1 lammelår

1 stort glas rødvin

½ kop knust tomat (eller 2 revet tomater)

1 spsk sød paprika

2 store kartofler

1 grøn peber

1 rød peberfrugt

1 løg

Kødfond (eller vand)

Olivenolie

Salt og peber

BEHANDLE

Hak benet fint, krydr det og steg det brunt på en meget varm pande. Afhentning og reservation.

Steg peberfrugt og løg i tern i samme olie. Når grøntsagerne er gennemstegte tilsættes en skefuld paprikapulver og tomaten. Fortsæt med at koge ved høj varme, indtil tomaten mister sit vand. Tilsæt derefter lammet igen.

Tilsæt vinen og lad den dampe af. Pensl med kødfonden.

Når lammet er færdigt tilsættes cachelada kartoflerne (uskårne) og koges indtil kartoflerne er færdige. Smag til med salt og peber.

TRICK

Steg 4 piquillo peberfrugter og 1 fed hvidløg for at få en endnu mere smagfuld sauce. Bland med lidt af stuvningsfonden og tilsæt til stuvningen.

HARE CIVET

INGREDIENSER

1 hare

250 g svampe

250 g gulerødder

250 g løg

100 g bacon

¼ liter rødvin

3 spsk tomatsauce

2 fed hvidløg

2 kviste timian

2 laurbærblade

Kødfond (eller vand)

Olivenolie

Salt og peber

BEHANDLE

Skær haren i skiver og mariner i 24 timer i gulerødder, hakket hvidløg og løg, vin, 1 kvist timian og 1 laurbærblad. Når tiden er gået, filtreres vinen på den ene side og grøntsagerne på den anden.

Krydr haren med salt og peber, steg den ved høj varme til den er brun og fjern den. Steg grøntsagerne i samme olie ved middel varme. Tilsæt tomatsaucen og steg i 3 minutter. Sæt haren tilbage. Hæld vin og bouillon i til kødet er dækket. Tilsæt den resterende timiankvist og det resterende laurbærblad. Kog til haren er mør.

Brun imens hakket bacon og champignon i kvarte og kom dem i stuvningen. Adskil hareleveren separat i en morter og tilsæt den også. Kog i yderligere 10 minutter og smag til med salt og peber.

TRICK

Denne ret kan tilberedes med enhver vildtret og bliver endnu mere smagfuld, hvis den tilberedes dagen før.

KANIN MED PIPERRADA

INGREDIENSER

1 kanin

2 store tomater

2 løg

1 grøn peber

1 fed hvidløg

Sukker

Olivenolie

Salt og peber

BEHANDLE

Skær kaninen, krydr den og steg den brun på en varm pande. Saml og reserver.

Skær løg, peberfrugt og hvidløg i små stykker og steg ved svag varme i 15 minutter i samme olie, som kaninen blev kogt i.

Tilsæt brunoise hakkede tomater og kog over middel varme, indtil de mister alt deres vand. Tilpas salt og sukker evt.

Tilsæt kaninen, reducer varmen til lav og kog i en overdækket gryde i 15 til 20 minutter under omrøring af og til.

TRICK

Zucchini eller aubergine kan tilføjes til piperradaen.

KYLLINGEFRIKADELLER FYLDT MED OST MED KERRYSAUCE

INGREDIENSER

500 g hakket kylling

150 g ost skåret i tern

100 g rasp

200 ml fløde

1 kop hønsebouillon

2 spsk karry

½ spsk brødkrummer

30 rosiner

1 grøn peber

1 gulerod

1 løg

1 æg

1 citron

Mælk

Mel

Olivenolie

saltet

BEHANDLE

Krydr kyllingen og bland med rasp, æg, 1 spsk karry og brødkrummer udblødt i mælk. Form kugler, fyld dem med en terning ost og dyp dem i mel. Bag og reserver.

I samme olie steges løg, peber og gulerod, skåret i små stykker. Tilsæt citronskal og kog i et par minutter. Tilsæt den resterende spiseskefuld karrypulver, rosiner og hønsefond. Når det begynder at koge tilsættes fløden og koges i 20 minutter. Smag til med salt.

TRICK

Et ideelt tilbehør til disse frikadeller er svampe, der skæres i kvarte og steges i en pande med et par fed hvidløg skåret i små stykker og skylles ned med et godt skvæt portvin eller Pedro Ximénez.

SVINEKINDE I RØDVIN

INGREDIENSER

12 svinekind

½ liter rødvin

2 fed hvidløg

2 porrer

1 rød peberfrugt

1 gulerod

1 løg

Mel

Kødfond (eller vand)

Olivenolie

Salt og peber

BEHANDLE

Krydr og steg kinderne på en meget varm pande. Afhentning og reservation.

Skær grøntsagerne i bronoise og steg dem i samme olie, som flæsket blev stegt i. Når de er gennemstegte, tilsæt vinen og lad dem reducere i 5 minutter. Tilsæt kinder og oksefond, indtil det er dækket.

Kog til kinderne er meget bløde, bland saucen, hvis du ikke vil have klumper af grøntsager tilbage.

TRICK

Svinekinder tager meget kortere tid end oksekind. Du får en anden smag, hvis du tilføjer en ounce chokolade til saucen til sidst.

NAVY SVINEKØDSSIDE

INGREDIENSER

2 hakkede lammelår

50 gram spæk

1 tsk paprikapulver

1 spiseskefuld eddike

2 fed hvidløg

1 løg

Olivenolie

Salt og peber

BEHANDLE

Skær lammeskankene i små stykker. Tilsæt salt og peber og steg på en pande ved høj varme. Afhentning og reservation.

Steg det finthakkede løg og hvidløg i samme olie i 8 minutter ved svag varme. Tilsæt peber og steg i yderligere 5 sekunder. Tilsæt lammet og dæk med vand.

Kog indtil saucen er tyknet og kødet er færdigt. Tilsæt eddike og bring det i kog.

TRICK

Den første bruning er vigtig, da den forhindrer saften i at slippe ud. Derudover giver det et knasende præg og forstærker smagene.

Oksekødgryderet med jordnøddesauce

INGREDIENSER

750 g sort budding

250 g jordnødder

2 l kødfond

1 glas fløde

½ glas grappa

2 spsk tomatsauce

1 kvist timian

1 kvist rosmarin

4 kartofler

2 gulerødder

1 løg

1 fed hvidløg

Olivenolie

Salt og peber

BEHANDLE

Skær sort budding, krydr og steg til brun ved høj varme. Afhentning og reservation.

I samme olie steges løg, hvidløg og gulerødder i tern ved svag varme. Øg varmen og tilsæt tomatsaucen. Lad det koge, indtil det mister alt sit vand. Hæld cognacen i og lad alkoholen dampe af. Tilsæt kødet igen.

Purér peanuts godt med bouillon og kom det i gryden sammen med de aromatiske krydderurter. Kog ved svag varme til kødet næsten er færdigt.

Tilsæt herefter kartoflerne, skrællet og skåret i almindelige firkanter, og fløden. Kog i 10 minutter og smag til med salt og peber. Lad hvile i 15 minutter før servering.

TRICK

Pilafris kan serveres til denne kødret (se afsnittet Ris og Pasta).

STEGT GRIS

INGREDIENSER

1 pattegris

2 spiseskefulde spæk

saltet

BEHANDLE

Dæk ører og hale med aluminiumsfolie, så de ikke brænder på.

Læg 2 træskeer på en bageplade og læg grisen med forsiden opad, så den ikke rører bunden af beholderen. Tilsæt 2 spsk vand og bag i 2 timer ved 180ºC.

Opløs saltet i 4 dl vand og mal indersiden af grisen hvert 10. minut. Vend det efter en time og fortsæt med at male med vand og salt, indtil tiden er gået.

Smelt smørret og mal skindet. Sæt ovnen på 200ºC og steg i yderligere 30 minutter, eller indtil skindet er gyldenbrunt og sprødt.

TRICK

Dryp ikke saften over huden; dette ville få den til at miste sin sprødhed. Anret saucen i bunden af fadet.

BRISTET SKIND MED KÅL

INGREDIENSER

4 knoer

½ kål

3 fed hvidløg

Olivenolie

Salt og peber

BEHANDLE

Dæk knoerne med kogende vand og kog i 2 timer eller indtil de er helt gennemstegte.

Fjern dem fra vandet og kog dem med et skvæt olie ved 220ºC, indtil de er gyldenbrune. Sæson.

Skær kålen i tynde strimler. Kog i rigeligt kogende vand i 15 minutter. Dræning.

Steg imens det snittede hvidløg i lidt olie, tilsæt kålen og brun det. Smag til med salt og peber og server sammen med de ristede knoer.

TRICK

Knoerne kan også laves i en meget varm pande. Steg dem godt brune på alle sider.

JÆGERKANIN

INGREDIENSER

1 kanin

300 g svampe

2 kopper hønsebouillon

1 glas hvidvin

1 kvist frisk timian

1 laurbærblad

2 fed hvidløg

1 løg

1 tomat

Olivenolie

Salt og peber

BEHANDLE

Skær kaninen, krydr den og steg den brun ved høj varme. Afhentning og reservation.

Steg det hakkede løg og hvidløg ved svag varme i samme olie i 5 minutter. Øg varmen og tilsæt revet tomat. Kog indtil der ikke er mere vand tilbage.

Sæt kaninen i igen og hæld vinen i. Lad det reducere og saucen er næsten tør. Tilsæt bouillon og kog med krydderurterne i 25 minutter eller til kødet er færdigt.

Steg imens de rensede og snittede svampe på en varm pande i 2 minutter. Smag til med salt og tilsæt til stuvningen. Kog i yderligere 2 minutter og tilsæt eventuelt salt.

TRICK

Den samme opskrift kan laves med kylling eller kalkun.

MADRILEÑA STIL OKSEKØD ESCALOPINA

INGREDIENSER

4 bøffer

1 spsk frisk persille

2 fed hvidløg

Mel, æg og rasp (til panering)

Olivenolie

Salt og peber

BEHANDLE

Hak persille og hvidløg fint. Kom dem sammen i en skål og tilsæt rasp. At slette.

Krydr fileterne med salt og peber og dyp dem i mel, sammenpisket æg og raspblanding med hvidløg og persille.

Tryk med hænderne, så brødkrummerne hæfter godt og steg i tilstrækkelig varm olie i 15 sekunder.

TRICK

Mos fileterne med en hammer for at knække fibrene og mørne kødet.

KANIN STEUG MED SVAMPE

INGREDIENSER

1 kanin

250 g årstidens svampe

50 gram spæk

200 g bacon

45 g mandler

600 ml hønsefond

1 glas sherryvin

1 gulerod

1 tomat

1 løg

1 fed hvidløg

1 kvist timian

Salt og peber

BEHANDLE

Skær kaninen og krydr den. Steg det ved høj varme i smørret sammen med bacon skåret i strimler. Afhentning og reservation.

Steg løg, gulerod og hvidløg skåret i små stykker i samme fedtstof. Tilsæt de hakkede svampe og steg i 2 minutter Tilsæt revet tomat og kog til det mister sit vand.

Tilsæt kaninen og bacon igen og tilsæt vinen. Lad det reducere og saucen er næsten tør. Tilsæt bouillon og tilsæt timian. Kog ved svag varme i 25 minutter eller indtil kaninen er mør. Afslut med mandler på toppen og smag til med salt.

TRICK

Tørrede shiitakesvampe kan bruges. De tilføjer en masse smag og aroma.

IBERISK SVINERIB I HVIDVIN OG HONNING

INGREDIENSER

1 iberisk svinerib

1 glas hvidvin

2 spiseskefulde honning

1 spsk sød paprika

1 spsk hakket rosmarin

1 spsk hakket timian

1 fed hvidløg

Olivenolie

Salt og peber

BEHANDLE

Læg krydderurter, revet hvidløg, honning og salt i en skål. Tilsæt ½ glas olie og bland. Spred ribben med denne blanding.

Steg ved 200 ºC i 30 minutter med kødsiden nedad. Vend, drys med vin og kog yderligere 30 minutter, eller indtil ribbenene er brune og møre.

TRICK

For at give smagene bedre mulighed for at trænge igennem ribbenene, er det bedst at marinere kødet dagen før.

PÆRER MED CHOKOLADE OG PEBER

INGREDIENSER

150 g chokolade

85 g sukker

½ liter mælk

4 pærer

1 kanelstang

10 peberkorn

BEHANDLE

Skræl pærerne uden at fjerne stilken. Kog dem sammen med sukker, kanelstang og pebernødder i mælken i 20 minutter.

Fjern pærerne, filtrer mælken og tilsæt chokoladen. Lad det koge uden at holde op med at røre, indtil det tykner. Server pærerne sammen med chokoladesovsen.

TRICK

Når pærerne er kogt, åbner du dem på langs, fjerner kernehuset og fylder dem med mascarpone og sukker. Luk igen og sauce. lækker.

CHOKOLADEKAGE TRE MED Cookie

INGREDIENSER

150 g hvid chokolade

150 g mørk chokolade

150 g mælkechokolade

450 ml creme

450 ml mælk

4 spiseskefulde smør

1 pakke Maria cookies

3 poser hytteost

BEHANDLE

Smuldr kagerne og smelt smørret. Bland småkagerne med smørret og lav bunden af kagen i en aftagelig form. Lad hvile i fryseren i 20 minutter.

Varm imens 150 g mælk, 150 g fløde og 150 g af en af chokoladerne op i en skål. Når det begynder at koge, fortynd 1 pose osteløbe i et glas med lidt mælk og tilsæt det til blandingen i beholderen. Fjern så snart det koger igen.

Læg den første chokolade på småkagedejen og sæt den i fryseren i 20 minutter.

Gentag det samme med en anden chokolade og læg den ovenpå det første lag. Og gentag operationen med den tredje chokolade. Lad den hvile i fryseren eller køleskabet, indtil den skal serveres.

TRICK

Andre chokolader kan også bruges, såsom mynte eller appelsin.

SCHWEIZISK MARENGS

INGREDIENSER

250 g sukker

4 æggehvider

en knivspids salt

Et par dråber citronsaft

BEHANDLE

Pisk æggehviderne med et piskeris til en stiv konsistens opnås. Tilsæt citronsaft, en knivspids salt og sukkeret lidt efter lidt og uden at stoppe med at piske.

Når du er færdig med at tilsætte sukkeret, pisk i yderligere 3 minutter.

TRICK

Hvis det hvide er hårdt, kaldes det spidspunkt eller snepunkt.

HASSELNØDDE CREPES MED BANANER

INGREDIENSER

100 g mel

25 g smør

25 g sukker

1½ dl mælk

8 spsk hasselnøddecreme

2 spsk rom

1 spsk flormelis

2 bananer

1 æg

½ pose gær

BEHANDLE

Pisk æg, gær, rom, mel, sukker og mælk. Lad hvile i 30 minutter i køleskabet.

Varm smørret op ved svag varme i en slip-let pande og fordel et tyndt lag dej over hele overfladen. Vend indtil lysebrun.

Skræl og skær plantainerne. Fordel 2 spsk hasselnøddecreme og ½ banan på hver pandekage. Luk i form af et lommetørklæde og drys med flormelis.

TRICK

Crepes kan tilberedes på forhånd. Når de er klar til at spise, skal hun bare varme dem op i en gryde med lidt smør på begge sider.

CITRONTÆRTE MED CHOKOLADEBUND

INGREDIENSER

400 ml mælk

300 g sukker

250 g mel

125 g smør

50 g kakao

50 g majsstivelse

5 æggeblommer

Saft af 2 citroner

BEHANDLE

Bland mel, smør, 100 g sukker og kakao til en sandet konsistens. Tilsæt derefter vand, indtil du får en dej, der ikke klæber til dine hænder. Beklæd en form, hæld denne creme på og bag i 20 minutter ved 170ºC.

Varm mælken op separat. Pisk i mellemtiden æggeblommerne og resten af sukkeret, indtil det er lysegult. Tilsæt derefter majsstivelsen og bland med mælken. Varm op, under konstant omrøring, indtil den er tyk. Tilsæt citronsaften og fortsæt med at blande.

Saml kagen ved at fylde bunden med cremen. Lad den hvile i køleskabet i 3 timer inden servering.

TRICK

Tilføj et par mynteblade til citroncremen for at give kagen et perfekt strejf af friskhed.

TIRAMISU

INGREDIENSER

500 g mascarpone

120 g sukker

1 pakke ladyfingers

6 æg

Amaretto (eller ristet rom)

1 stort glas kaffe fra kaffemaskinen (sødet efter smag)

kakaopulver

saltet

BEHANDLE

Adskil æggehvider og æggeblommer. Pisk æggeblommerne og tilsæt halvdelen af sukkeret og mascarponen. Slå med omsluttende og reserverede bevægelser. Pisk æggehviderne stive med en knivspids salt. Når de næsten er pisket tilsættes den anden halvdel af sukkeret og piskes færdig. Bland æggeblommer og hvider forsigtigt og med blide bevægelser.

Dyp småkagerne på begge sider i kaffen og likøren (uden at væde dem for meget) og læg dem i bunden af en beholder.

Læg et lag æg og flødeost på småkagerne. Dyp ladyfingerne igen og læg dem på dejen. Afslut med osteblandingen og drys med kakaopulver.

TRICK

Spis om aftenen eller bedre to dage efter tilberedning.

INTXAURSALSA (VALNØDECREME)

INGREDIENSER

125 g pillede valnødder

100 g sukker

1 liter mælk

1 lille kanelstang

BEHANDLE

Kog mælken op med kanel og tilsæt sukker og hakkede nødder.

Kog ved svag varme i 2 timer og lad afkøle inden servering.

TRICK

Den skal have en konsistens svarende til risengrød.

SNACK MÆLK

INGREDIENSER

175 g sukker

1 liter mælk

Skal af 1 citron

1 kanelstang

3 eller 4 æggehvider

Kanelpulver

BEHANDLE

Varm mælken op ved svag varme med kanelstang og citronskal, til det begynder at koge. Tilsæt straks sukkeret og kog i yderligere 5 minutter. Reservér og lad afkøle i køleskabet.

Når det er koldt, piskes æggehviderne stive og tilsættes mælken med omsluttende bevægelser. Server med stødt kanel.

TRICK

For at opnå en uovertruffen granita skal du opbevare den i fryseren og skrabe den med en gaffel hver time, indtil den er helt frossen.

KATTE TUNGER

INGREDIENSER

350 g løst mel

250 g blødt smør

250 g flormelis

5 æggehvider

1 æg

Vanilje

saltet

BEHANDLE

Kom smør, flormelis, et nip salt og lidt vaniljeessens i en skål. Pisk godt og tilsæt ægget. Fortsæt med at piske og tilsæt æggehviderne én efter én uden at stoppe med at piske. Tilsæt straks melet uden at blande for meget.

Læg cremen til side i en pose med almindelig sprøjtemundstykke og lav strimler på ca. 10 cm. Bank pladen mod bordet for at fordele dejen og bag ved 200ºC indtil kanterne er gyldenbrune.

TRICK

Tilføj 1 spiseskefuld kokospulver til dejen for at lave flere kattetunger.

ORANGE TASKE

INGREDIENSER

220 g mel

200 g sukker

4 æg

1 lille appelsin

1 på kemisk gær

Kanelpulver

220 g solsikkeolie

BEHANDLE

Bland æggene med sukker, kanel og appelsinskal og saft.

Tilsæt olien og bland. Tilsæt sigtet mel og gær. Lad denne blanding hvile i 15 minutter og hæld den i cupcakeformene.

Forvarm ovnen til 200ºC og bag i 15 minutter, indtil den er færdig.

TRICK

Chokoladeperler kan indarbejdes i dejen.

RISTEDE PORTEFØBLER

INGREDIENSER

80 g smør (i 4 stykker)

8 spiseskefulde portvin

4 spiseskefulde sukker

4 løbeæbler

BEHANDLE

Udkern æblerne. Fyld med sukker og kom smør ovenpå.

Kog i 30 minutter ved 175ºC. Drys derefter hvert æble med 2 spsk portvin og bag i yderligere 15 minutter.

TRICK

Serveres lun med en kugle vaniljeis og drys med den frigivne saft.

KOGT MARENGS

INGREDIENSER

400 g perlesukker

100 g flormelis

¼ liter æggehvide

dråber citronsaft

BEHANDLE

Pisk æggehviderne med citronsaft og sukker i en bain-marie, indtil de er godt pisket. Fjern fra varmen og fortsæt med at piske (efterhånden som temperaturen falder, vil marengsen tykne).

Tilsæt flormelis og pisk videre til marengsen er helt kold.

TRICK

Den kan bruges til at dække kager og lave pynt. Sørg for, at temperaturen ikke overstiger 60 ºC, så det hvide ikke krummer.

CUTSARD

INGREDIENSER

170 g sukker

1 liter mælk

1 spsk majsstivelse

8 æggeblommer

Skal af 1 citron

Kanel

BEHANDLE

Kog mælken op med citronskal og halvdelen af sukkeret. Når det koger, dæk til og lad det hvile af varmen.

Pisk æggeblommerne hver for sig i en skål med resten af sukkeret og majsstivelsen. Tilsæt en fjerdedel af den kogte mælk og fortsæt med at røre.

Tilsæt blommeblandingen til resten af mælken og kog uden at holde op med at røre.

Når du laver mad for første gang, piskes du med et par spisepinde i 15 sekunder. Fjern fra varmen og fortsæt med at piske i yderligere 30 sekunder. Afdryp og lad hvile i kulden. Drys med kanel.

TRICK

For at tilberede cremer med smag - chokolade, smuldrede småkager, kaffe, revet kokos osv. - kan du blot fjerne den ønskede smag fra varmen, mens den er varm.

PANNA COTTA MED LILLA SLIK

INGREDIENSER

150 g sukker

100 g lilla slik

½ liter fløde

½ liter mælk

9 gelatineblade

BEHANDLE

Fugt gelatinebladene med koldt vand.

Varm fløde, mælk, sukker og karamel op i en gryde, indtil de smelter.

Når varmen er slukket, tilsæt gelatinen og bland indtil den er helt opløst.

Hæld det i forme og stil det i køleskabet i mindst 5 timer.

TRICK

Denne opskrift kan varieres ved at tilføje kaffebolsjer, karameller mv.

CITRUSCOOKIES

INGREDIENSER

220 g blødt smør

170 g mel

55 g flormelis

35 g majsstivelse

5 g appelsinskal

5 g citronskal

2 spsk appelsinjuice

1 spsk citronsaft

1 æggehvide

Vanilje

BEHANDLE

Bland meget langsomt smør, æggehvide, appelsinjuice, citronsaft, citronskal og en knivspids vaniljeessens. Bland og tilsæt sigtet mel og majsstivelse.

Læg dejen i et rør med krøllet dyse og tegn ringe på 7 cm på bagepapir. Kog i 15 minutter ved 175ºC.

Drys kagerne med flormelis.

TRICK

Tilsæt de malede nelliker og ingefær til blandingen. Resultatet er fremragende.

MANGO PASTA

INGREDIENSER

550 g løst mel

400 g blødt smør

200 g flormelis

125 g mælk

2 æg

Vanilje

saltet

BEHANDLE

Tilsæt mel, sukker, et nip salt og endnu et nip vaniljeessens. Tilsæt de ikke særlig kolde æg et efter et. Fugt med den let lune mælk og tilsæt det sigtede mel.

Læg dejen i et rør med krøllet sprøjtemundstykke og hæld lidt på bagepapir. Bages i 10 minutter ved 180ºC.

TRICK

Du kan tilføje hakkede mandler udenpå, dyppe dem i chokolade eller stikke kirsebær ovenpå.

YOGHURTKAGE

INGREDIENSER

375 g mel

250 g yoghurt

250 g sukker

1 pose kemisk gær

5 æg

1 lille appelsin

1 citron

125 g solsikkeolie

BEHANDLE

Pisk æg og sukker i 5 minutter med planetmixeren. Bland med yoghurt, olie, citrusskal og juice.

Sigt mel og gær og tilsæt det til yoghurten.

Smør og mel en form. Tilsæt dejen og bag ved 165 ºC i ca. 35 minutter.

TRICK

Brug yoghurt med smag til at lave forskellige cookies.

BANANKOMPOT MED ROSmarin

INGREDIENSER

30 g smør

1 kvist rosmarin

2 bananer

BEHANDLE

Skræl og skær bananerne.

Læg dem i en gryde, dæk til og kog ved meget lav varme med smør og rosmarin, indtil bananen ligner en kompot.

TRICK

Denne kompot fungerer som tilbehør til koteletter og chokoladekage. Du kan tilføje 1 spsk sukker under madlavning for at gøre det sødere.

CREME BRULEE

INGREDIENSER

100 g rørsukker

100 g hvidt sukker

400cl fløde

300cl mælk

6 æggeblommer

1 vaniljestang

BEHANDLE

Åbn vaniljestangen og fjern kornene.

I en skål piskes mælken med hvidt sukker, æggeblommer, fløde og vaniljestang. Fyld de enkelte forme med denne blanding.

Forvarm ovnen til 100ºC og bag den i bain-marie i 90 minutter. Når den er kold, drysses med farin og brændes med en brænder (eller forvarm ovnen til maksimal grillindstilling og bages, indtil sukkeret er let brændt).

TRICK

Tilsæt 1 spiseskefuld opløselig kakao til fløde eller mælk for at få en lækker kakao-creme brûlée.

SCHWEIZISK ARM FYLDT MED CREME

INGREDIENSER

250 gram chokolade

125 g sukker

½ liter fløde

Mariehønekage (se afsnittet Desserter)

BEHANDLE

Lav en mariehøne kage. Fyld med flødeskum og rul på sig selv.

Bring sukkeret i kog i en gryde med 125 g vand. Tilsæt chokoladen, smelt den i 3 minutter, under konstant omrøring, og dæk schweizerrullen med den. Lad den hvile inden servering.

TRICK

For at nyde en endnu mere komplet og lækker dessert, tilsæt den hakkede frugt i sirup til cremen.

ÆG FLAD

INGREDIENSER

200 g sukker

1 liter mælk

8 æg

BEHANDLE

Lav en karamel med sukkeret ved svag varme og uden omrøring. Når den får en ristet farve, tages den af varmen. Opdel i individuelle flaneraer eller i enhver form.

Pisk mælk og æg, og sørg for, at der ikke dannes skum. Hvis det dukker op, før du lægger det i formene, skal du fjerne det helt.

Hæld karamellen over og kog i en bain-marie ved 165ºC i ca. 45 minutter, eller indtil en nål gennemborer den, og den kommer ren ud.

TRICK

Den samme opskrift bruges til at lave en lækker budding. Det eneste du skal gøre er at tilsætte de resterende croissanter, muffins, småkager... fra dagen før til dejen.

CAVA JELLY MED JORDBÆR

INGREDIENSER

500 g sukker

150 g jordbær

1 flaske mousserende vin

½ pakke gelatineblade

BEHANDLE

Varm cava og sukker i en gryde. Tilsæt gelatine, der tidligere er hydreret i koldt vand, uden for varmen.

Server i martiniglas med jordbærene og stil på køl, indtil de er faste.

TRICK

Den kan også laves med sød vin og røde frugter.

PANDEKAGER

INGREDIENSER

150 g mel

30 g smør

250 ml mælk

4 æg

1 citron

BEHANDLE

Bring mælk og smør sammen med citronskal i kog. Når det koger, fjern skindet og kom melet i. Sluk for varmen og bland i 30 sekunder.

Sæt den tilbage på varmen og rør i endnu et minut, indtil dejen klæber til beholderens vægge.

Hæld blandingen i en skål og tilsæt æggene et ad gangen (tilsæt først det næste, når det forrige er blandet grundigt ind i blandingen).

Bag pandekagerne i små portioner ved hjælp af en sprøjtepose eller 2 skeer.

TRICK

Den kan fyldes med fløde, fløde, chokolade mv.

SAINT JOHN COCA

INGREDIENSER

350 g mel

100 g smør

40 g pinjekerner

250 ml mælk

1 pose bagepulver

Skal af 1 citron

3 æg

Sukker

saltet

BEHANDLE

Sigt mel og gær. Bland og lav en vulkan. Hæld skallen, 110 g sukker, smør, mælk, æg og en knivspids salt i midten. Ælt godt, indtil dejen klistrer til dine hænder.

Rul den ud med en kagerulle, til den er rektangulær og tynd. Læg den på en tallerken på bagepapir og lad den hæve i 30 minutter.

Mal cocaen med ægget, drys pinjekernerne og 1 spsk sukker. Bages i cirka 25 minutter ved 200ºC.

BOLOGNESESAUCE

INGREDIENSER

600 g tomatkød

500 g hakket kød

1 glas rødvin

3 gulerødder

2 stilke selleri (valgfrit)

2 fed hvidløg

1 løg

Original

Sukker

Olivenolie

Salt og peber

BEHANDLE

Hak løg, hvidløg, selleristænger og gulerødder fint. Steg og når grøntsagerne er bløde tilsættes kødet.

Tilsæt salt og peber og når kødets lyserøde farve forsvinder, hældes vinen i. Lad det koge ved høj varme i 3 minutter.

Tilsæt den knuste tomat og kog ved svag varme i 1 time. Til sidst smages til med salt og sukker og smages til med oregano.

TRICK

Bolognese forbindes altid med pasta, men med rispilaf er det lækkert.

HVID BULLING (KYLLING ELLER OKSE)

INGREDIENSER

1 kg okse- eller kyllingeben

1dl hvidvin

1 stilk selleri

1 kvist timian

2 nelliker

1 laurbærblad

1 renset porre

1 renset gulerod

½ løg

15 sorte peberkorn

BEHANDLE

Læg alle ingredienser i en gryde. Dæk med vand og kog over medium varme. Når det begynder at koge, skummes det. Kog i 4 timer.

Filtrer gennem en kinesisk og gå til en anden beholder. Opbevar hurtigt i køleskabet.

TRICK

Tilsæt ikke salt, før du er klar til at bruge det, da det er mere tilbøjeligt til at fordærve. Den bruges som basisfond til fremstilling af saucer, supper, risottoer, gryderetter osv.

KONCASSÉ TOMAT

INGREDIENSER

1 kg tomater

120 g løg

2 fed hvidløg

1 kvist rosmarin

1 kvist timian

Sukker

1 dl olivenolie

saltet

BEHANDLE

Skær løg og hvidløg i små stykker. Lad det stege langsomt på en pande i 10 minutter.

Skær tomaterne i skiver og kom dem i gryden sammen med krydderurterne. Kog indtil tomaterne mister alt deres vand.

Smag til med salt og tilsæt eventuelt sukker.

TRICK

Du kan lave den i forvejen og opbevare den i en lufttæt beholder i køleskabet.

ROBERTO SALSA

INGREDIENSER

200 g forårsløg

100 g smør

½ l kødfond

¼ liter hvidvin

1 spsk mel

1 spsk sennep

Salt og peber

BEHANDLE

Steg det hakkede purløg i smørret. Tilsæt melet og kog langsomt i 5 minutter.

Øg varmen, tilsæt vinen og reducer til det halve under konstant omrøring.

Tilsæt bouillon og kog i yderligere 5 minutter. Når varmen er slukket tilsættes sennep og smages til med salt og peber.

TRICK

Ideel til svinekød.

PINK SAUCE

INGREDIENSER

250 g mayonnaisesauce (se afsnittet Bouillon og Saucer)

2 spsk ketchup

2 spiseskefulde grappa

Saft af ½ appelsin

Tabasco

Salt og peber

BEHANDLE

Bland mayonnaise, ketchup, cognac, juice, en knivspids Tabasco, salt og peber. Pisk godt indtil du får en jævn sauce.

TRICK

For at gøre saucen mere jævn, tilsæt ½ spsk sennep og 2 spsk flydende fløde.

FISKE SUPPE

INGREDIENSER

500 g hvide fiskeben eller hoveder

1dl hvidvin

1 kvist persille

1 porre

½ lille løg

5 pebernødder

BEHANDLE

Kom alle ingredienser i en gryde og dæk med 1 liter koldt vand. Kog over medium varme i 20 minutter uden at stoppe med at skumme.

Filtrer, overfør til en anden beholder og afkøl hurtigt.

TRICK

Tilsæt ikke salt, før du er klar til at bruge det, da det er mere tilbøjeligt til at fordærve. Det er grundlaget for saucer, risottoer, supper mv.

Tysk sauce

INGREDIENSER

35 g smør

35 g mel

2 æggeblommer

½ l bouillon (fisk, kød, fjerkræ osv.)

saltet

BEHANDLE

Steg melet i smørret ved svag varme i 5 minutter. Tilsæt straks fonden og kog i yderligere 15 minutter ved middel varme uden at stoppe med at piske. Smag til med salt.

Tag af varmen og tilsæt æggeblommer uden at stoppe med at piske.

TRICK

Varm ikke for meget op, så blommerne ikke stivner.

DYR SAUCE

INGREDIENSER

750 g stegt tomat

1 lille glas hvidvin

3 spiseskefulde eddike

10 rå mandler

10 peberfrugter

5 skiver brød

3 fed hvidløg

1 løg

Sukker

Olivenolie

saltet

BEHANDLE

Steg hele hvidløget på en pande. Saml og reserver. Steg mandlerne i samme olie. Saml og reserver. Bag brødet i samme gryde. Saml og reserver.

Steg julienneløget i samme olie sammen med peberfrugterne. Når det koger tilsættes eddike og glas vin. Lad det koge ved høj varme i 3 minutter.

Tilsæt tomat, hvidløg, mandler og brød. Kog i 5 minutter, bland og tilsæt salt og sukker evt.

TRICK

Den kan fryses i individuelle isterningbakker og kun bruge den nødvendige mængde.

MØRK BULLING (KYLLING ELLER OKSE)

INGREDIENSER

5 kg okse- eller kyllingeben

500 g tomater

250 g gulerødder

250 g porre

125 g løg

½ liter rødvin

5 liter koldt vand

1 gren pio

3 laurbærblade

2 kviste timian

2 kviste rosmarin

15 peberkorn

BEHANDLE

Kog knoglerne ved 185ºC, indtil de er let ristede. Tilsæt de rensede og skåret grøntsager i mellemstore stykker i samme gryde. Brun grøntsagerne.

Læg benene og grøntsagerne i en stor gryde. Tilsæt vin og krydderurter og tilsæt vandet. Kog ved lav varme i 6 timer, skum af og til. Dræn og lad afkøle.

TRICK

Det er grundlaget for et væld af saucer, gryderetter, risottoer, supper osv. Når fonden er kold, forbliver fedtet stivnet på toppen. På denne måde bliver det nemmere at fjerne det.

MOJO PICÓN

INGREDIENSER

8 spiseskefulde eddike

2 tsk spidskommen korn

2 tsk sød paprika

2 kopper hvidløg

3 cayennepeber

30 spiseskefulde olie

groft salt

BEHANDLE

Mos alle faste ingredienser, undtagen peber, i en morter, indtil du får en pasta.

Tilsæt peber og fortsæt med at purere. Tilsæt væsken lidt efter lidt, indtil du får en jævn og emulgeret sauce.

TRICK

Ideel til de berømte rynkede kartofler og også til grillet fisk.

PESTOSAUCE

INGREDIENSER

100 g pinjekerner

100 g parmesanost

1 bundt frisk basilikum

1 fed hvidløg

delikat olivenolie

BEHANDLE

Bland alle ingredienserne uden at gøre det meget homogent, så du bemærker pinjekernernes knas.

TRICK

Du kan erstatte pinjekernerne med valnødder og basilikummet med frisk rucola. Det blev oprindeligt lavet med mørtel.

SUR SØD SOCE

INGREDIENSER

100 g sukker

100 ml eddike

50 ml sojasovs

Skal af 1 citron

Skal af 1 appelsin

BEHANDLE

Kog sukker, eddike, sojasovs og citrusskal i 10 minutter. Lad afkøle før brug.

TRICK

Det er det perfekte tilbehør til forårsruller.

GRØN MOJITO

INGREDIENSER

8 spiseskefulde eddike

2 tsk spidskommen korn

4 grønne peberkorn

2 kopper hvidløg

1 bundt persille eller koriander

30 spiseskefulde olie

groft salt

BEHANDLE

Purér alle faste stoffer til en pasta.

Tilsæt væsken lidt efter lidt, indtil du får en jævn og emulgeret sauce.

TRICK

Du kan uden problemer opbevare den tildækket med husholdningsfilm i køleskabet i et par dage.

BESSAMELLA SAUCE

INGREDIENSER

85 g smør

85 g mel

1 liter mælk

Muskatnød

Salt og peber

BEHANDLE

Smelt smørret i en gryde, tilsæt mel og kog ved svag varme i 10 minutter under konstant omrøring.

Tilsæt straks mælken og kog i yderligere 20 minutter. Fortsæt med at blande. Smag til med salt, peber og muskatnød.

TRICK

For at undgå at der dannes klumper, kog melet sammen med smørret ved svag varme og fortsæt med at piske, indtil blandingen bliver næsten flydende.

JÆGERSAUCE

INGREDIENSER

200 g svampe

200 g tomatsauce

125 g smør

½ l kødfond

¼ liter hvidvin

1 spsk mel

1 forårsløg

Salt og peber

BEHANDLE

Steg det finthakkede forårsløg i smør ved middel varme i 5 minutter.

Tilsæt de rensede og kvarterede svampe og skru op for varmen. Kog i yderligere 5 minutter, indtil de mister deres vand. Tilsæt melet og kog i yderligere 5 minutter uden at holde op med at røre.

Tilsæt vinen og lad den dampe af. Tilsæt tomatpuré og kødfond. Kog i yderligere 5 minutter.

TRICK

Opbevar i køleskabet og fordel et tyndt lag smør over, så der ikke dannes skorpe på overfladen.

AIOLI Sauce

INGREDIENSER

6 fed hvidløg

Eddike

½ l lys olivenolie

saltet

BEHANDLE

Mos hvidløget med saltet i en morter, indtil der dannes en pasta.

Tilsæt gradvist olien under konstant omrøring med støderen, indtil du får en tyk sauce. Tilsæt et skvæt eddike til saucen.

TRICK

Tilføjer du 1 æggeblomme under hvidløgsmosen, bliver det nemmere at tilberede saucen.

AMERIKANSK Sauce

INGREDIENSER

150 g flodrejer

250 g skaller og hoveder af scampi og rejer

250 g modne tomater

250 g løg

100 g smør

50 g gulerødder

50 g porre

½ l fiskefond

1dl hvidvin

½ dl grappa

1 spsk mel

1 niveau tsk krydret paprika

1 kvist timian

saltet

BEHANDLE

Steg grøntsagerne, undtagen tomaterne, skåret i små stykker i smør. Steg derefter peber og mel.

Steg krabberne og hovederne af resten af bløddyrene og flamme dem med cognacen. Gem krabbehalerne og kværn skrogene med strimlen. Filtrer 2 eller 3 gange, indtil der ikke er rester af hylster tilbage.

Tilsæt bouillon, vin, kvarte tomater og timian til grøntsagerne. Kog i 40 minutter, kværn fint og smag til med salt.

TRICK

Perfekt sauce til fyldte peberfrugter, havtaske eller fisketærte.

AURORA "SAUCE

INGREDIENSER

45 g smør

½ liter velouté (se afsnittet Bouillon og Saucer)

3 spsk tomatsauce

BEHANDLE

Bring flødesuppen i kog, tilsæt skefulde tomat og pisk med et piskeris.

Fjern fra varmen, tilsæt smørret og fortsæt med at blande, indtil det er godt blandet.

TRICK

Brug denne sauce med fyldte æg.

BARBECUE Sauce

INGREDIENSER

1 dåse Coca Cola

1 kop tomatsauce

1 kop ketchup

½ kop eddike

1 tsk oregano

1 tsk timian

1 tsk spidskommen

1 fed hvidløg

1 cayennepeber, finthakket

½ løg

Olivenolie

Salt og peber

BEHANDLE

Skær løg og hvidløg i små stykker og steg dem i lidt olie. Tilsæt tomat, ketchup og eddike, når det er blødt.

Kog i 3 minutter. Tilsæt cayennepeber og krydderier. Rør, hæld Coca-Colaen i og kog indtil en tyk konsistens er tilbage.

TRICK

Det er en perfekt sauce til kyllingevinger. Den kan fryses i individuelle isterningbakker og kun bruge den nødvendige mængde.

BERNISH Sauce

INGREDIENSER

250 g klaret smør

1 dl estragoneddike

1dl hvidvin

3 æggeblommer

1 skalotteløg (eller ½ lille forårsløg)

Trække på

Salt og peber

BEHANDLE

Varm den hakkede skalotteløg i en gryde sammen med eddike og vin. Lad det reducere indtil du får cirka 1 spsk.

Pisk de krydrede æggeblommer i en bain-marie. Tilsæt reduktionen af vin og eddike plus 2 spsk koldt vand, indtil volumen er fordoblet.

Tilsæt gradvist det smeltede smør til æggeblommerne uden at stoppe med at piske. Tilsæt lidt hakket estragon og opbevar i en bain-marie ved maks. 50 ºC.

TRICK

Det er vigtigt at opbevare denne sauce i en dobbelt kedel ved lav varme, så den ikke skærer.

CARBONARA-SAUCE

INGREDIENSER

200 g bacon

200 g fløde

150 g parmesanost

1 mellemstor løg

3 æggeblommer

Salt og peber

BEHANDLE

Steg løget skåret i små tern. Når det er brunt, tilsættes bacon skåret i strimler og lad det blive gyldent brunt på komfuret.

Hæld derefter fløden i, smag til med salt og peber og kog langsomt i 20 minutter.

Når varmen er slukket, tilsæt revet ost og æggeblommer og bland.

TRICK

Har du rester til en anden lejlighed, hvor det er meget varmt, så gør det ved svag varme og ikke for længe, så ægget ikke stivner.

LÆKKER Sauce

INGREDIENSER

200 g forårsløg

100 g pickles

100 g smør

½ l kødfond

125cl hvidvin

125cl eddike

1 spsk sennep

1 spsk mel

Salt og peber

BEHANDLE

Steg finthakket purløg i smørret. Tilsæt melet og kog langsomt i 5 minutter.

Øg varmen, tilsæt vin og eddike og reducer til det halve under konstant omrøring.

Tilsæt bouillon og julienne-syltelag og kog i yderligere 5 minutter. Tag af varmen og tilsæt sennep. Sæson.

TRICK

Denne sauce er ideel til fedt kød.

CUMBERLAND Sauce

INGREDIENSER

150 g solbærsyltetøj

½ dl portvin

1 glas mørk kødfond (se afsnittet Bouillon og saucer)

1 tsk ingefærpulver

1 spsk sennep

1 skalotteløg

½ appelsinskal

½ citronskal

Saft af ½ appelsin

Saft af ½ citron

Salt og peber

BEHANDLE

Skær appelsin- og citronskallerne i tynde julienne-strimler. Fjern fra koldt vand og kog i 10 s. Gentag handlingen 2 gange. Dræn og opfrisk.

Hak skalotteløget fint og kog i 1 minut under konstant omrøring med solbærsyltetøj, portvin, bouillon, citrusskal og -saft, sennep, ingefær, salt og peber. Lad afkøle.

TRICK

Det er en perfekt sauce til patéer eller vildtretter.

KARRYSAUCE

INGREDIENSER

200 g løg

2 spsk mel

2 spsk karry

3 fed hvidløg

2 store tomater

1 kvist timian

1 laurbærblad

1 flaske kokosmælk

1 æble

1 banan

Olivenolie

saltet

BEHANDLE

Steg det hakkede hvidløg og løg i olie. Tilsæt karry og lad det koge i 3 minutter. Tilsæt melet og steg i yderligere 5 minutter under konstant omrøring.

Tilsæt de kvarte tomater, krydderurter og kokosmælk. Kog i 30 minutter ved lav varme. Tilsæt det skrællede og hakkede æble og banan og kog i yderligere 5 minutter. Knus, filtrer og korriger saltet.

TRICK

For at gøre denne sauce lavere i kalorier skal du halvere kokosmælken og erstatte den med hønsefond.

HVIDLØGSSAUS

INGREDIENSER

250 ml fløde

10 fed hvidløg

Salt og peber

BEHANDLE

Blancher hvidløg 3 gange i koldt vand. Bring i kog, afdryp og bring koldt vand i kog igen. Gentag denne handling 3 gange.

Når det er blancheret, koges det sammen med fløden i 25 minutter. Til sidst smages til og blandes.

TRICK

Ikke alle cremer er ens. Hvis den er for tyk, tilsæt lidt fløde og kog i yderligere 5 minutter. Hvis det derimod er meget flydende, så kog længere. Den er perfekt til fisk.

BRÅMBÆRSAUCE

INGREDIENSER

200 g brombær

25 g sukker

250 ml spansk sauce (se afsnittet Bouillon og Saucer)

100 ml sød vin

2 spiseskefulde eddike

1 spsk smør

Salt og peber

BEHANDLE

Lav en karamel med sukker ved svag varme. Tilsæt eddike, vin og brombær og kog i 15 minutter.

Hæld den spanske sauce. Smag til med salt og peber, bland, filtrer og bring det i kog med smørret.

TRICK

Det er en perfekt sauce til vildtkød.

CIDERSAUCE

INGREDIENSER

250 ml fløde

1 flaske cider

1 zucchini

1 gulerod

1 porre

saltet

BEHANDLE

Skær grøntsagerne i stave og steg dem i 3 minutter ved høj varme. Hæld cideren i og lad det reducere i 5 minutter.

Tilsæt fløde og salt og kog i yderligere 15 minutter.

TRICK

Perfekt tilbehør til en grillet havbrasen eller en skive laks.

KETCHUP

INGREDIENSER

1 et halvt kg modne tomater

250 g løg

1 glas hvidvin

1 skinkeben

2 fed hvidløg

1 stor gulerod

Frisk timian

frisk rosmarin

Sukker (valgfrit)

saltet

BEHANDLE

Skær løg, hvidløg og gulerod i julienne strimler og steg ved middel varme. Når grøntsagerne er bløde, tilsættes benet og vinen tilsættes. Tænd bålet.

Tilsæt de kvarte cherrytomater og de aromatiske krydderurter. Kog i 30 min.

Fjern ben og urter. Purér, filtrer og juster eventuelt salt og sukker.

TRICK

Frys den ned i individuelle isterningbakker, så du altid har lækker hjemmelavet tomatsauce ved hånden.

PEDRO XIMENEZ VINSAUCE

INGREDIENSER

35 g smør

250 ml spansk sauce (se afsnittet Bouillon og Saucer)

75 ml Pedro Ximenez vin

Salt og peber

BEHANDLE

Varm vinen op ved middel varme i 5 minutter. Tilsæt den spanske sauce og kog i yderligere 5 minutter.

For at tykne og polere det, tilsæt det kolde smør i tern af varmen, mens du fortsætter med at piske. Sæson.

TRICK

Den kan laves med enhver sød vin, såsom portvin.

FLØDESAUCE

INGREDIENSER
½ l béchamelsauce (se kapitlet Bouillon og Saucer)

200cl fløde

Saft af ½ citron

BEHANDLE
Kog béchamelsaucen op og tilsæt fløden. Kog til du får cirka 400 cl sauce.

Når varmen er slukket tilsættes citronsaften.

TRICK
Ideel til gratinering, krydring af fisk og fyldte æg.

MAJONNAISESAUCE

INGREDIENSER

2 æg

Saft af ½ citron

½ l lys olivenolie

Salt og peber

BEHANDLE

Kom æg og citronsaft i et blenderglas.

Pisk med blender 5, tilsæt olien i en tynd stråle og fortsæt med at piske. Smag til med salt og peber.

TRICK

For at forhindre det i at skære under formaling, tilsæt 1 spsk varmt vand til blenderglasset sammen med resten af ingredienserne.

YOGHURT OG DILLSAUCE

INGREDIENSER

20 g løg

75 ml mayonnaisesauce (se afsnittet Bouillon og Saucer)

1 spiseskefuld honning

2 yoghurt

Dild

saltet

BEHANDLE

Bland alle ingredienser, undtagen dild, indtil en jævn sauce er dannet.

Hak dilden fint og kom den i saucen. Fjern saltet og ret det.

TRICK

Den er perfekt til ristede kartofler eller lam.

DJÆVELSAUCE

INGREDIENSER

100 g smør

½ l kødfond

3dl hvidvin

1 forårsløg

2 peberfrugter

saltet

BEHANDLE

Skær forårsløget i små stykker og steg det brunt ved høj temperatur. Tilsæt chilipeber, hæld vinen i og reducer volumen til det halve.

Hæld bouillon i, kog i yderligere 5 minutter og tilsæt salt og krydderier.

Tilsæt det meget kolde smør fra varmen og bland med et piskeris til blandingen er tyk og blank.

TRICK

Denne sauce kan også laves med sød vin. Resultatet er fremragende.

SPANSK Sauce

INGREDIENSER

30 g smør

30 g mel

1 l kødfond (kogt)

Salt og peber

BEHANDLE

Steg melet i smørret, indtil det er let ristet.

Tilsæt den kogende bouillon under omrøring. Kog i 5 minutter og smag til med salt og peber.

TRICK

Denne sauce er grundlaget for mange forberedelser. Det er det man kalder en basissauce i køkkenet.

NEDERLANDSKE SAUCE

INGREDIENSER

250 g smør

3 æggeblommer

Saft af ¼ citron

Salt og peber

BEHANDLE

Smelt smørret.

Pisk æggeblommerne i en bain-marie med lidt salt, peber, citronsaft og 2 spsk koldt vand, indtil volumen er fordoblet.

Tilsæt gradvist det smeltede smør til æggeblommerne, mens du fortsætter med at piske. Opbevares i vandbad ved en maksimal temperatur på 50 ºC.

TRICK

Denne sauce er spektakulær med små bagte kartofler toppet med røget laks.

ITALIENSKE KRYDDER

INGREDIENSER

125 g tomatsauce

100 g svampe

50 gram York skinke

50 g forårsløg

45 g smør

125 ml spansk sauce (se afsnittet Bouillon og Saucer)

90 ml hvidvin

1 kvist timian

1 kvist rosmarin

Salt og peber

BEHANDLE

Hak forårsløget fint og steg det i smør. Når det er blødt, skru op for varmen og tilsæt de snittede og rensede svampe. Tilsæt skinke i tern.

Tilsæt vin og aromatiske urter og lad det reducere helt.

Tilsæt den spanske sauce og tomatsauce. Kog i 10 minutter og smag til med salt og peber.

TRICK

Perfekt til pasta og hårdkogte æg.

MUSSELLINESAUCE

INGREDIENSER

250 g smør

85 ml flødeskum

3 æggeblommer

Saft af ¼ citron

Salt og peber

BEHANDLE

Smelt smørret.

Pisk æggeblommerne i en bain-marie med lidt salt, peber og citronsaft. Tilsæt 2 spsk koldt vand, indtil det fordobles i volumen. Tilsæt gradvist smørret til æggeblommerne uden at stoppe med at piske.

Lige i serveringsøjeblikket piskes fløden og tilsættes den forrige blanding med blide og omsluttende bevægelser.

TRICK

Opbevares i vandbad ved en maksimal temperatur på 50 ºC. Den er perfekt til at grille laks, barbermuslinger, asparges osv.

REMOULADESAUCE

INGREDIENSER

250 g mayonnaisesauce (se afsnittet Bouillon og Saucer)

50 g pickles

50 g kapers

10 g ansjoser

1 tsk hakket frisk persille

BEHANDLE

Kværn ansjoserne i en morter til en puré. Skær kapers og cornichoner i meget små stykker. Tilsæt resten af ingredienserne og bland.

TRICK

Ideel til deviled æg.

BIZCAINE Sauce

INGREDIENSER

500 g løg

400 g friske tomater

25 gram brød

3 fed hvidløg

4 chorizo- eller ñoras-peberfrugter

Sukker (valgfrit)

Olivenolie

saltet

BEHANDLE

Udblød ñoras for at fjerne frugtkødet.

Skær løg og hvidløg i julienne-strimler og steg dem ved middel varme i en tildækket pande i 25 minutter.

Tilsæt brød og hakkede tomater og kog i yderligere 10 minutter. Tilsæt ñoras-kødet og steg i yderligere 10 minutter.

Knus salt og sukker og juster evt.

TRICK

Selvom det ikke er almindeligt, er det en fantastisk sauce at lave med spaghetti.

BLÆKSAUCE

INGREDIENSER

2 fed hvidløg

1 stor tomat

1 lille løg

½ lille rød peberfrugt

½ lille grøn peber

2 poser blæksprutteblæk

hvidvin

Olivenolie

saltet

BEHANDLE

Skær grøntsagerne i små stykker og steg dem langsomt i 30 minutter.

Tilsæt den revne tomat og kog over medium varme, indtil den mister sit vand. Øg varmen og tilsæt blækposerne og et skvæt vin. Reducer det til det halve.

Purér, filtrer og smag til med salt.

TRICK

Tilføjer du lidt mere blæk efter maling, bliver saucen klarere.

MORGENSAUCE

INGREDIENSER

75 g parmesanost

75 g smør

75 g mel

1 liter mælk

2 æggeblommer

Muskatnød

Salt og peber

BEHANDLE

Smelt smørret i en gryde. Tilsæt melet og kog ved svag varme i 10 minutter under konstant omrøring.

Hæld mælken i på én gang og kog i yderligere 20 minutter under konstant omrøring.

Tilsæt æggeblommer og ost fra varmen og fortsæt med at blande. Smag til med salt, peber og muskatnød.

TRICK

Det er en perfekt sauce til gratiner. Enhver form for ost kan bruges.

ROMESCA Sauce

INGREDIENSER

100 g eddike

80 g ristede mandler

½ tsk sød paprika

2 eller 3 modne tomater

2 år

1 lille skive ristet brød

1 hoved hvidløg

1 chilipeber

250 g ekstra jomfru olivenolie

saltet

BEHANDLE

Hydrer ñoras i varmt vand i 30 minutter. Fjern frugtkødet og reserver.

Forvarm ovnen til 200 ºC og rist tomaterne og hvidløgsløget (tomaterne skal bruge ca. 15 til 20 minutter og hvidløget lidt mindre).

Når de er ristet, fjerner du tomaterne fra skind og kerner og fjerner hvidløget en efter en. Kom blandingen i et blenderglas sammen med mandler, ristet brød, ñoras-kød, olie og eddike. Slå godt.

Tilsæt derefter den søde peber og en knivspids chili. Pisk igen og smag til med salt.

TRICK

Skær ikke saucen for meget.

SOUBISE-SAUCE

INGREDIENSER

100 g smør

85 g mel

1 liter mælk

1 løg

Muskatnød

Salt og peber

BEHANDLE

Smelt smørret på en pande og steg løget, skåret i tynde strimler, langsomt i 25 minutter. Tilsæt melet og kog i yderligere 10 minutter under konstant omrøring.

Hæld mælken i på én gang og kog i yderligere 20 minutter ved svag varme under konstant omrøring. Smag til med salt, peber og muskatnød.

TRICK

Den kan serveres som den er eller pureres. Den er perfekt til cannelloni.

TARTARSAUCE

INGREDIENSER

250 g mayonnaisesauce (se afsnittet Bouillon og Saucer)

20 g purløg

1 spsk kapers

1 spsk frisk persille

1 spsk sennep

1 syltet cornichon

1 hårdkogt æg

saltet

BEHANDLE

Hak forårsløg, kapers, persille, cornichon og hårdkogt æg fint.

Bland det hele og tilsæt mayonnaise og sennep. Tilsæt en knivspids salt.

TRICK

Det er det ideelle tilbehør til fisk og kødprodukter.

TOFFESAUCE

INGREDIENSER

150 g sukker

70 g smør

300 ml creme

BEHANDLE

Lav en karamel med smør og sukker uden nogensinde at blande.

Når karamellen er lavet, tages gryden af varmen og fløden tilsættes. Kog i 2 minutter ved høj varme.

TRICK

Du kan smage toffeen ved at tilføje 1 kvist rosmarin.

KARTOFFEL

INGREDIENSER

250 g gulerødder

250 g porre

250 g tomater

150 g løg

150 g majroer

100 g selleri

saltet

BEHANDLE

Vask grøntsagerne godt og skær dem i lige store stykker. Kom det i en krukke og dæk det med koldt vand.

Kog ved svag varme i 2 timer. Filtrer og tilsæt salt.

TRICK

En god creme kan laves af de brugte grøntsager. Kog altid uden låg, så når vandet fordamper bliver smagene bedre koncentreret.

www.ingramcontent.com/pod-product-compliance
Lightning Source LLC
Chambersburg PA
CBHW071857110526
44591CB00011B/1454